教师教育学科核心素养丛书

语文学科核心素养提升读本

主　　编　苑青松　张福清

副 主 编　黄炎真　李卓彬　肖玉华　林诗铨

编写成员　曹亚明　吴亚南　杨庙平　孙慕佳
林　旭　李丹妮　郭玮玲　唐瑶曦
吴子兴　蔡尉洁　陈培浩　许娇娜
余冰如　李开杰

广东高等教育出版社
Guangdong Higher Education Press
·广州·

内容简介

语文核心素养的认知和落实是本书编写的缘由和主旨。内容选取坚持两个原则：一是选取中学教材之外的经典美文，以有利于落实核心素养。二是选取既有利于青少年精神生命健全发育且为青少年所喜闻乐见的文本，以利于培养其兴趣、启发其智慧。为此，本书设计了纵横交互的内容架构，横向内容具体有：感受自然、沐浴亲情、心灵圣地、榜样力量、奇思妙想五个主题，力求体现语文核心素养的要义。纵向内容具体有：每个主题设计了文本学习入口、链接同类、整本书阅读三层纵向拓展。本书将以整体性和个性化的内容安排为读者提供阅读材料，有效地提升语文核心素养。

图书在版编目（CIP）数据

语文学科核心素养提升读本/苑青松，张福清主编．—广州：广东高等教育出版社，2021.7
（教师教育学科核心素养丛书）
ISBN 978-7-5361-6961-6

Ⅰ.①语…　Ⅱ.①苑…　②张…　Ⅲ.①语文课-教学研究-中小学
Ⅳ.①G633.302

中国版本图书馆 CIP 数据核字（2021）第256635号

YUWEN XUEKE HEXIN SUYANG TISHENG DUBEN

出版发行	广东高等教育出版社 社址：广州市天河区林和西横路 邮编：510500　营销电话：（020）87554153　38493773 http://www.gdgjs.com.cn
印　刷	广州市穗彩印务有限公司
开　本	787毫米×1 092毫米　1/16
印　张	8.75
字　数	212千
版　次	2021年7月第1版
印　次	2021年7月第1次印刷
定　价	30.00元

总　　序

核心素养的概念最早是由欧美一些发达国家在20世纪90年代提出来的，目的是提高各国公民的综合素养与核心竞争力。如何定义核心素养？表述不一。联合国教科文组织将学生终身学习所需要的素养称为核心素养；欧盟的《终身学习核心素养：欧洲参考框架》指出：核心素养是个体在自我实现、社会融入中所需知识、技能与态度的整合。在我国教育界，最先引发对核心素养关注的是2014年由教育部发布的《教育部关于全面深化课程改革　落实立德树人根本任务的意见》，这份文件明确提出要“研究制订学生发展核心素养体系和学业质量标准”。之后，北京师范大学牵头组织核心素养课题组，并于2016年9月13日发布中国学生发展核心素养的研究成果：以培养“全面发展的人”为核心，将核心素养分为文化基础、自主发展、社会参与三个方面，具体又细化为人文底蕴、科学精神、学会学习、健康生活、责任担当、实践创新等六大素养和国家认同等18个要点。

接下来的问题是如何培养学生的核心素养。这个任务，恐怕最终必须要落实到中小学的学科教学中。核心素养的培育，当然也可以通过家庭、社会教育的途径，但是，对于中小学生而言，他们接受教育的主要途径毕竟是学校教育，而学科教育是学校教育的基本教学形态。这样，学科核心素养的概念就被提出来了。一方面，学科核心素养是核心素养在学科中的具体化，如果没有学科教育的支撑，核心素养最终只能是空中楼阁；另一方面，每一个学科对核心素养的支撑又不可能是面面俱到的，它们有各自的学科特点和任务，它们支撑的可能是核心素养中某几个方面的要素，但是，各学科核心素养的有机结合就构成了新时代背景下学生必备的核心素养。目前，各学科的核心素养已经在教育界形成共识，并且已经被落实到新课程标准中。

对师范院校来说，当然要研究核心素养，要将学科核心素养纳入学科教学论的教学内容中。但更重要的是，我们培养的学生最终都要成为中小学某个学科的教师，他们要在教育教学中培养学生具有某学科的关键素质和能力，他们自己首先必须具有这一学科的核心素养。也可以说，具有学科核心素养，是师范生将来从事学科教育工作最基本的前提条件。甚至，我认为，各学科的师范生，应该自觉地将学科核心素养内化在自己的价值取向、思维方式、行为方式、情感态度之中，彰显自己作为某学科教师的独特标识。这样，对学生而言，他们不仅从教学中，而且从教师的身上，感受到具有鲜明学科特征的素养与品格。一个语文教师和一个数学教师，他们的行为方式、情感态度和气质，应该是不一样的。一个数学教师，应该是一丝不苟的、严谨的；一个语文教师，应该具有一点诗性气质。所以，对师范院校来说，如何培养学生的学科核心素养是一个事关人才培养的重要问题。这套丛书的编写，凝聚了我们对这个问题的思考和探索的成果。丛书没有统一的体例，有理论的阐述，亦有实践的案例，但是必须解决两个问题：其一，如何解读学科核心素养？其二，如何培养师范生的学科核心素养？从形成的书稿来看，水平有高低，体例各不同，但是大都涉及了这两个问题。我们的初衷是把这套丛书作为大学教师、师范生的教学参考书和读物。相信丛书的出版，对于提升师范专业人才培养质量，是有所借鉴和帮助的。

近年，广东提出了“新师范”的概念，也出台了《广东“新师范”建设实施方案》，这个概念的提出和若干措施的推动，不仅对广东，而且对全国教师教育改革都起到了较大的推动作用。当然，“新师范”究竟新在哪里？还有较大的阐释和讨论空间。我以为，“新师范”的“新”，应该包括党和国家对新时代教师所提出的新要求，也应该包括基础教育改革对教师素质和能力的新要求，而学科核心素养，无疑应该包含在这个新要求中。从这个角度看，这套丛书的编写和出版，也是对广东的“新师范”建设做出的一个微小的贡献。

黄景忠
2020 年 12 月

代序：

也谈语文学科的核心素养

文学院希望我为本书作序，我想借此机会谈谈我对语文学科核心素养的思考。

《普通高中语文课程标准》（2017 年版）（以下简称《标准》）对语文学科的核心素养做了这样的界定："语文学科核心素养是学生在积极的语言实践活动中积累与构建起来，并在真实的语言运用情境中表现出来的语言能力及其品质；是学生在语文学习中获得的语言知识与语言能力，思维方法与思维品质，情感、态度与价值观的综合体现。主要包括'语言建构与运用''思维发展与提升''审美鉴赏与创造''文化传承与理解'四个方面。"对于这一界定，尽管仍有争议，但却应该是学界比较认同的看法。

接下来的问题是，这四个要素的内涵及其之间的逻辑关系是什么？

《标准》已经有简要的阐释，但是，这种阐释更多的是从语文学科自身，而不是从中学学科设置的整体布局出发，不是从人的全面发展的要求出发，这样，对于语文学科的本质属性及核心素养的理解就还不是很全面、很准确。

我们的培养目标是什么？是培养德智体美劳全面发展的人。因此，我们在讨论各个学科的核心素养的时候，必须考虑的是，这个学科对于培养全面发展的人能够提供什么重要支撑？——"素养"本来就是相对于人的发展而言的。如果从这样的角度思考整个中学的学科结构，那么就会比较清楚：数学、物理、化学、地理这些学科主要是培养学生认识自然、改造自然的能力，政治、历史这些学科主要是培养学生认识社会、改造社会的能力，而不管是改造自然还是社会，都是提升一个人向外发展的能力。体育学科的设置主要是强健人的体魄，语文、音乐、美术这些学科则主要是促进人的精神成长，是提升一个人向内发展的能力。一个人，只有内外兼修，才能说得上是全面发展。

因此，我们对于语文学科核心素养的定位，应该主要看语文学科如何促进人的精神成长，如何构建人的精神世界；我们对于语文学科核心素养各要素之间的逻辑关系以及内涵的理解和界定，也要从精神成长的角度出发。

1. 语言建构与运用

《标准》中提及“语言建构与运用是指学生在丰富的语言实践中，通过主动的积累、梳理和整合，逐步掌握祖国语言文字特点及其运用规律，形成个体言语经验，发展在具体语言情境中正确有效地运用祖国语言文字进行交流沟通的能力”。

显然，《标准》对语言的定位是工具性的“交流沟通的能力”。但是，在我看来，并不能把语言仅仅定义为一种工具。海德格尔有一句很经典的话：语言是存在的家园。这句话有着丰富而深刻的意蕴，语言对于人来说，本质上不是工具性的，而是存在性的。语言通过命名和指称，把万物召唤到我们面前，让宇宙万物在我们面前显露出它们的存在；同样地，话语赋予了人存在的价值和意义，让我们的存在敞开、显现在这个世界之中。没有语言，我们何以领悟和度量宇宙万物？没有语言，我们的存在又何以显现？所以，语言为我们构筑家园，语言是我们存在的安身之处。

我当然并不否定语言也有工具性，但是工具性并非它的本质属性。当我们只是把语言当作工具，语言也就会背离我们的存在。今天，只要听一听周围众语喧哗，甚至反省你自己所说的每一句话，你会明白语言如何被金钱、权势、时尚、技术等所支配，你会明白存在其实已经被喧哗众语所遮蔽。

我们是不是必须重提“我口写我心”？只有在“口”与“心”同一的时候，语言才是存在的家园。

我们应该有这样一种理念，我们在使用语言，语言也在构筑一个人的精神世界，在塑造一个人的灵魂。

2. 思维发展与提升

《标准》中提及“思维发展与提升是指学生在语文学习过程中，通过语言运用，获得直觉思维、形象思维、逻辑思维、辩证思维和创造思维的发展，以及深刻性、敏捷性、灵活性、批判性和独创性等思维品质的提升”。

我不能否定这种界定的科学性，语文是一门综合性很强的学科，所以，语文的确可以促进各种思维，包括逻辑思维、辩证思维等的能力。但是，如果从促进人的精神成长的角度思考，我认为，语文学科主要培养的是人想象性的思维能力。

思维其实是一个人把握这个世界的方式。一个人把握这个世界的方式大致上可以分为两种：一种可以称为纵向的分析性的思维，这种思维方式就是对事物从感性到理性的由表及里的追问和分析，目的是掌握事物的本质和规律。还有一种可以称为横向的想象性的思维，这种思维方式是由眼前的事物通过体验和想象把不同的事物和现象关联在一起，目的是将不同的东西融合为一个整体，达到万物通融、天人合一的境界。某种意义上，一个人的全面发展，需要掌握这两种思维方式，一方面，人要认识这个世界，要把握这个世界的规律，要掌握某种改造这个世界的能力，这个时候就需要纵向的分析性的思维能力，学习数学、物理、化学等自然学科乃至历史、政治等人文学科就可以拥有这种能力；另一方面，人要处理好自己与他人、与社会、与自然的关系，要融入和拥抱这个世界，这个时候就需要这种横向的想象性的思维能力。语文课程的学习主要就是提供这两种思维方式，尤其是文学的教育，就是通过想象的方式、情感的力量打动一个人的内心，让人敞开胸怀去接纳这个世界、热爱这个世界，从而建立与他人、与社会、与自然之间的联系。对于一个人的精神成长来说，这两种思维方式都非常重要。

所以，对于语文学科来说，思维的发展与提升，我认为更重要的是培育学生这种横向的想象性的思维能力。

3. 审美鉴赏与创造

《标准》中提及“审美鉴赏与创造是指学生在语文学习中，通过审美体验、评价等活动形成正确的审美意识、健康向上的审美情趣与鉴赏品位，并在此过程中逐步掌握表现美、创造美的方法”。

为什么要谈审美意识、审美情趣的培养？培养审美意识、审美情趣的意义是不是仅仅为我们的生活增添一些情趣？是不是仅仅激发我们去眺望诗和远方？如果从一个人精神成长的角度去思考，我认为审美鉴赏与创造更重要的意义是为我们的精神和灵魂提供一个家园和安顿。

人生在世，必定有欲望、有目标、有追求。人在追求自己目标的过程中，或许会碰到挫折和失败，或许会取得成功，但是，成功往往会激发人们设立更高的目标，甚至会令人陷入欲望的无止境的追求之中，而人是有限的，人的外在的生命力量是没有办法突破这种有限性的制约的——或一个人具有无所不能的能力，其最后也不可能打败死亡。那么，人生如何突破这种有限性的制约呢？有限的人如何追求无限呢？这个时候就要依靠内在的精神超越，精神超越有两种途径：一种是宗教。宗教把人交给无所不能的神，灵魂可以突破现实的限制而得到救赎和安顿。另一种是审美。在审美活动中，人摆脱了功利的羁绊，在想象和情感的召唤下与他人、与社会、与自然万物重新融合在一起，生命找到了本真，灵魂找到了家园。宗教和审美都可以获得精神超越，但是我们不可以在学校中推广宗教教育——不独中国，全世界走向现代文明的国家均如此。道理很简单，宗教教育带有某种强制性，而审美教育却是自由的。所以，蔡元培才大力推崇“美育代替宗教”。

4. 文化传承与理解

《标准》中提及“文化传承与理解是指学生在语文学习中，继承和弘扬中华优秀传统文化、革命文化、社会主义先进文化，理解与借鉴不同民族和地区的文化，拓展文化视野，增强文化自觉，提升中国特色社会主义文化自信，热爱祖国语言文字，热爱中华文化，防止文化上的民族虚无主义”。

对于这一界定我没有不同的意见。从本质上说，文化是一个族群的生存方式，支撑这种生存方式的是这个族群在特定自然环境中生产、生活所形成的世界观和价值观。比如，中华文明的本质是一种农耕文明，农耕文明的特点是聚族而居，安土重迁，所以注重血缘和人情关系、崇尚集体的力量、追求社会的和谐发展便是中华民族的文化基因；西方文明起源于游牧文明或航海、商业文明，频繁的迁徙和在陌生的社会中生活需要每一个人独立担当，需要每一个人遵守契约，所以追求独立自由、崇尚法治社会是西方人的文化基因。今日之中国，已经从农耕文明进化到工业文明，社会的组织形式和结构发生了很大的变化，我们需要传承本民族的文化，那是我们的精神之根本，但是，也需要吸收西方文化中优秀的元素，这样才能适应社会的发展变化，才能塑造一个人强健的主体精神。

从精神成长的角度来看，“文化传承与理解”对一个人世界观、人生观和价值观的形成有着重要的影响作用，文化精神是锻造一个人人格的主体力量。

我们不能说，其他学科对一个人的精神成长就没有发挥作用，但是，毫无疑问，语文的学习对一个人的精神成长起着主要的支撑作用。那么，在语文学科的几个核心要素之中，哪一个要素更为重要或者更为核心呢？如果从发生机制来看，当然是语言，语言是基础性的要素，思维、文化、审美只有在语言中才能敞开、显露。但是，就功能作用而言，它们的关系又是平等的：语言敞露我们的存在，建构我们的精神个性；想象性的思维触发我们建立与这个世界的联系，引领我们融入、拥抱这个世界；审美鉴赏与创造召唤我们超越现实，为我们的灵魂找到安顿的家园；文化的传承与学习构筑一个人的人生观和价值观，铸就一个人的文化人格。

语言、思维、审美、文化几个要素共生着、融合着、推动着一个人的精神成长，铸就一个人的精神塑像。。

黄景忠

2020 年 9 月

目 录

感受自然

冬去春来，夏往秋至，四季美景如画，陶冶了人们爱美的心灵，锻炼了人们发现美的能力。本单元选文多出自名家之手，它们或意境优美、构思精巧，或语言精美，富有诗情画意，向我们展现了色彩斑斓的大自然。阅读这些选文，可开阔我们的视野，激发我们热爱大自然、热爱美的思想感情。

大明湖之春[①]

老　舍

导读

题为《大明湖之春》，作者一开笔却认为大明湖的春天无从说起，极写大明湖的春天“不美”，有的只是一片破败荒凉的丑陋景象，远不如大明湖秋天之美。但正是这种“不美”孕育了大美。作者以“欲扬先抑”的笔法礼赞了大明湖之春，表达了对大明湖的喜爱之情。

作品

北方的春本来就不长，还往往被狂风给七手八脚的刮了走。济南的桃李丁香与海棠什么的，差不多年年被黄风吹得一干二净，地暗天昏，落花与黄沙卷在一处，再睁眼时，春已过去了！记得有一回，正是丁香乍开的时候，也就是下午两三点钟吧，屋

① 选自《老舍散文》（人民文学出版社，2008 年版），有改动。老舍，原名舒庆春（1899—1966），字舍予。中国现代小说家、作家、人民艺术家。主要代表作有《骆驼祥子》《茶馆》《四世同堂》等。

中就非点灯不可了；风是一阵比一阵大，天色由灰而黄，而深黄，而黑黄，而漆黑，黑得可怕。第二天去看院中的两株紫丁香，花已像煮过一回，嫩叶几乎全破了！济南的秋冬，风倒很少，大概都留在春天刮呢。

有这样的风在这儿等着，济南简直可以说没有春天；那么，大明湖之春更无从说起。

济南的三大名胜，名字都起得好：千佛山，趵突泉，大明湖，都多么响亮好听！一听到“大明湖”这三个字，便联想到春光明媚和湖光山色等等，而心中浮现出一幅美景来。事实上，可是，它既不大，又不明，也不湖。

湖中现在已不是一片清水，而是用坝划开的多少块“地”。“地”外留着几条沟，游艇沿沟而行，即是逛湖。水田不需要多么深的水，所以水黑而不清；也不要急流，所以水定而无波。东一块莲，西一块蒲，土坝挡住了水，蒲苇又遮住了莲，一望无景，只见高高低低的“庄稼”。艇行沟内，如穿高粱地然，热气腾腾，碰巧了还臭气烘烘。夏天总算还好，假若水不太臭，多少总能闻到一些荷香，而且必能看到些绿叶儿。春天，则下有黑汤，旁有破烂的土坝；风又那么野，绿柳新蒲东倒西歪，恰似挣命。所以，它既不大，又不明，也不湖。

话虽如此，这个湖到底得算个名胜。湖之不大与不明，都因为湖已不湖。假若能把“地”都收回，拆开土坝，挖深了湖身，它当然可以马上既大且明起来：湖面原本不小，而济南又有的是清凉的泉水呀。这个，也许一时作不到。不过，即使作不到这一步，就现状而言，它还应当算作名胜。北方的城市，要找有这么一片水的，真是好不容易了。千佛山满可以不算数儿，配作个名胜与否简直没多大关系。因为山在北方不是什么难找的东西呀。水，可太难找了。济南城内据说有七十二泉，城外有河，可是还非有个湖不可。泉，池，河，湖，四者俱备，这才显出济南的特色与可贵。它是北方唯一的“水城”，这个湖是少不得的。设若我们游湖时，只见沟而不见湖，请到高处去看看吧，比如在千佛山上往北眺望，则见城北灰绿的一片——大明湖；城外，华鹊二山夹着弯弯的一道灰亮光儿——黄河。这才明白了济南的不凡，不但有水，而且是这样多呀。

况且，湖景若无可观，湖中的出产可是很名贵呀。懂得什么叫作美的人或者不如懂得什么好吃的人多吧，游过苏州的往往只记得此地的点心，逛过西湖的提起来便念叨那里的龙井茶，藕粉与莼菜什么的，吃到肚子里的也许比一过眼的美景更容易记住，那么大明湖的蒲菜，茭白，白花藕，还真许是它驰名天下的重要原因呢。不论怎么说吧，这些东西既都是水产，多少总带着些南国风味；在夏天，青菜挑子上带着一束束的大白莲花蓇葖出卖，在北方大概只有济南能这么“阔气”。

我写过一本小说——《大明湖》——在一·二八与商务印书馆一同被火烧掉了。记得我描写过一段大明湖的秋景，词句全想不起来了，只记得是什么什么秋。桑子中先生给我画过一张油画，也画的是大明湖之秋，现在还在我的屋中挂着。我写的，他画的，都是大明湖，而且都是大明湖之秋，这里大概有点意思。对了，只是在秋天，大明湖才有些美呀。济南的四季，唯有秋天最好，晴暖无风，处处明朗。这时候，请到城墙上走走，俯视秋湖，败柳残荷，水平如镜；唯其是秋色，所以连那些残破的土坝也似乎正与一切景物配合：土坝上偶尔有一两截断藕，或一些黄叶的野蔓，配着三五枝芦花，确是有些画意。“庄稼”已都收了，湖显著大了许多，大了当然也就显着明。不仅是湖宽水净，显着明美，抬头向南看，半黄的千佛山就在面前，开元寺那边的“橛子”——大概是个塔吧——静静的立在山头上。往北看，城外的河水很清，菜畦中还生着短短的绿叶。往南往北，往东往西，看吧，处处空阔明朗，有山有湖，有城有河，到这时候，我们真得到个“明”字了。桑先生那张画便是在北城墙上画的，湖边只有几株秋柳，湖中只有一只游艇，水作灰蓝色，柳叶儿半黄。湖外，他画上了千佛山；湖光山色，联成一幅秋图，明朗，素净，柳梢上似乎吹着点不大能觉出来的微风。

对不起，题目是大明湖之春，我却说了大明湖之秋，可谁教亢德先生出错了题呢！

赏析

这是一篇命题作文，是老舍应其朋友，时任《宇宙风》杂志编辑的陶亢德向其约稿而作，作者在本文最后有所提及。

老舍（1899—1966），现当代著名小说家、戏剧家。原名舒庆春，字舍予，笔名絜青、鸿来、非我等。1899 年生于北京，满族人，父亲是一名满族的护军，在八国联军攻打北京城的战争中阵亡，全家靠母亲替人洗衣裳做活计维持生活。1917 年毕业于北京师范学校。20 世纪二三十年代曾任英国伦敦大学东方学院教员、齐鲁大学和山东大学教授，1949 年后历任政务院文教委员会委员、全国人民代表大会代表、政协全国委员会常务委员、中国文联副主席、中国作家协会副主席、书记处书记、北京市人民委员会委员、北京市文联主席等职。老舍著作丰富，主要作品有小说《老张的哲学》《赵子曰》《二马》《骆驼祥子》《四世同堂》；话剧《方珍珠》《龙须沟》《春华秋实》《茶馆》等。1951 年，被北京市人民政府授予“人民艺术家”的称号。1966 年“文革”爆发之初，自沉于北京太平湖。

老舍曾撰文写道：“济南是我第二个老家，我曾在那里一气住过四年。”他和妻子胡挈青最初几年的新婚生活也是在济南度过的。在济南时期，老舍创作了多部作品，而且他还写过关于济南的系列散文，可见他对济南的深厚感情。济南的山山水水、春夏秋冬、风土人情等，都曾被老舍纳入笔端。相对于老舍的小说、话剧之深沉与厚重，这篇散文《大明湖之春》见出老舍性格中诙谐幽默甚至略显俏皮的一面。即使在写济南的系列散文中，正如有评论指出的，老舍是“一半恨一半笑”着写济南的，那《大明湖之春》就是“笑着”写的。不过，这种“笑”却是带有“谐谑”和“抱怨”的情绪的。说是写大明湖之春，作者却说大明湖似乎就没有春天：“北方的春本来就不长，还往往被狂风给七手八脚的刮了走。济南的桃李丁香与海棠什么的，差不多年年被黄风吹得一干二净，地暗天昏，落花与黄沙卷在一处，再睁眼时，春已过去了!”“济南简直可以说没有春天；那么，大明湖之春更无从说起。”作者似乎在此有意跟大明湖、跟读者开了个玩笑：一听到“大明湖”这三个字，便联想到春光明媚和湖光山色等，而心中浮现出一幅美景来，但“事实上，可是，它既不大，又不明，也不湖。”作者说了一遍还不“解气”，更进一步从细部来描画大明湖的“不美”甚至破败、丑：春天的大明湖，“水黑而不清”，“水定而无波”，“一望无景”，“臭气烘烘”，“春天，则下有黑汤，旁有破烂的土坝；风又那么野，绿柳新蒲东倒西歪，恰似挣命”。作者再次强调：“所以，它既不大，又不明，也不湖。”而正相反，作者在此反复想说的是秋天的大明湖才是最好的：“对了，只是在秋天，大明湖才有些美呀。济南的四季，唯有秋天最好，晴暖无风，处处明朗。”

读到此处，读者领略了大明湖秋天的美之后方才恍然，原来作者是以“欲扬先抑”的笔法来歌咏“大明湖之春”的，寄寓其对大明湖的喜爱与赞美之情。文章极力以大明湖秋之“美”来反衬大明湖春之“丑”，原来作者正是借此来说明大明湖秋天的“美”恰恰是由春之“丑”孕育而生的——这才是大明湖之春真正的魅力所在。大明湖的春天不是不美，而是为了孕育大美，或者说大明湖的春天为了孕育美而牺牲了自己的美，它将美留给秋来展现。“懂得什么叫作美的人或者不如懂得什么好吃的人多吧，……那么大明湖的蒲菜，茭白，白花藕，还真许是它驰名天下的重要原因呢。不论怎么说吧，这些东西既都是水产，多少总带着些南国风味；在夏天，青菜挑子上带着一束束的大白莲花青葖出卖，在北方大概只有济南能这么‘阔气’。”若没有春天的“破败”与“丑”，大明湖的夏天又哪来的“阔气”，若没有春天的“破败”与“丑”，大明湖的秋天又哪来如此美景：“唯其是秋色，所以连那些残破的土坝也似乎正与一切景物配合：土坝上偶尔有一两截断藕，或一些黄叶的野蔓，配着三五枝芦花，确是有些画意。”

按照这个思路拓展开去，读者对文章之寓意也就不言而喻了。有趣的是，文章最后说：“对不起，题目是大明湖之春，我却说了大明湖之秋，可谁教亢德先生出错了题呢!”幽默旨趣蕴含其中，读来不禁令人莞尔。

钴鉧潭西小丘记[①]

［唐］柳宗元

导读

《钴鉧潭西小丘记》为《永州八记》中的第三篇，是在作者发现优美奇特的西山和钴鉧潭景色之后所作的。与西山的高旷辽阔、钴鉧潭的清新秀丽之美有着很大的不同，钴鉧潭西的小丘之美是美而不彰、渐次发现的独特之美。文章的前面部分写小丘的景物之美，美在竹树丛生其上，有傲然耸立的怪石负土而出。中间部分写小丘之小，不足一亩，可以笼而有之。因为不太显眼，无人赏识，所以被当作弃地，货而不售。作者很是惋惜，“怜而售之”。但是得之小丘之后，作者与朋友则大喜过望，经过一番伐木去草，小丘开始显现出它美丽的姿容：嘉木立，美竹露，奇古显。小丘虽小，似可聚拢天地之美，而独享之。天地白云，溪流声响，鸟兽遨游，皆可于小丘间喜得之。后面部分，作者感叹小丘胜景无人欣赏，如果放之于王孙贵游之地，虽日增千金恐怕也会争相购之，但今弃于是州致“连岁不能售”。小丘之遭遇，如人之遭遇，可悲可叹。作者的记述，显然有寄情山水，悲悼自身贬斥南荒，怀才不遇的伤感之意。

作品

得西山后八日，寻山口西北道二百步，又得钴鉧潭。西二十五步，当湍而浚者为鱼梁。梁之上有丘焉，生竹树。其石之突怒偃蹇，负土而出，争为奇状者，殆不可数。其嵚然相累而下者，若牛马之饮于溪；其冲然角列而上者，若熊罴之登于山。

丘之小不能一亩，可以笼而有之。问其主，曰：“唐氏之弃地，货而不售。”问其价，曰：“止四百。”余怜而售之。李深源、元克己时同游，皆大喜，出自意外。即更取器用，铲刈秽草，伐去恶木，烈火而焚之。嘉木立，美竹露，奇石显。由其中以望，则山之高，云之浮，溪之流，鸟兽之遨游，举熙熙然回巧献技，以效兹丘之下。枕席而卧，则清泠之状与目谋，瀯瀯之声与耳谋，悠然而虚者与神谋，渊然而静者与心谋。不匝旬而得异地者二，虽古好事之士，或未能至焉。

---

① 选自《唐宋八大家文选》（三晋出版社，2008 年版），有改动。柳宗元（773—819），世称柳河东、河东先生，字子厚。唐代文学家、思想家、唐宋八大家之一。主要代表作有《天说》。

噫！以兹丘之胜，致之沣、镐、鄠、杜，则贵游之士争买者，日增千金而愈不可得。今弃是州也，农夫渔父过而陋之，价四百，连岁不能售。而我与深源、克己独喜得之，是其果有遭乎！书于石，所以贺兹丘之遭也。

赏析

《钴鉧潭西小丘记》是柳宗元谪居永州时，所作《永州八记》中的第三篇。在柳宗元的笔下，小丘虽小，但竹木怪石错落其间，美不胜收，自有其精致天然的独特魅力。小丘的美，美在有竹有石，绿水环绕其间。小丘之石的美最为独特，其石“突怒偃蹇，负土而出”“冲然角列而上”，有些石头重叠相连“若牛马之饮于溪”“熊罴之登于山”，也就是说这些怪特的石头，屈折俯仰，高起挺出，似有破土而出，呈跃跃飞动之势。柳宗元将小丘上千姿百态的石头，写得活泼灵动，生意盎然，充满生命的活力。作者下笔精裁密致，曲尽怪石之态，形容惟妙惟肖。诚如近人刘师培《论文杂记》所言：“子厚之文，善言事物之情，出以形容之词（如永州、柳州诸游记，咸能类万物之情，穷形尽相，而形容宛肖，无异写真）。”①

尽管小丘很美，但是由于无人赏识，或者一般人缺少发现美的眼睛，以致小丘被沦为弃地，“货而不售”，无人问津。作者怜惜小丘的遭遇“怜而售之”。买下小丘之后，同游的李深源、元克己皆大喜，一番刈秽草、伐恶木的劳动之后，“嘉木立，美竹露，奇石显”。小丘如经过雕琢后的璞玉，渐露出它美丽的姿容。人立其间向外观望，则尽享山之高迥，云之沉浮，溪流潺潺，鸟兽遨游。这里小丘得天独厚，可以坐享天地造化之美。席卧于小丘，有清泠之景娱目，有潆潆水声悦耳，悠然神会处心与万物冥合，与大化同流。天地万物的幽静与心际深沉的空寂化合为一，于是万古的忧虑似可以在山水之间都得到消释了。但是小丘的弃置与“连岁不能售”，以及柳宗元的“怜而售之”，又使人捕捉到他的精神世界里，始终无法释怀的幽愤悲叹之情。由物及人，小丘的遭遇很容易让他联想到自身贬黜南荒的困苦遭遇，所以刘克庄在《后村诗话》中说柳宗元“身老迁谪，思含凄怆”②。

在文章的最后，作者认为小丘因为处在偏远之地，以致无人赏识，若是置于王孙之地，贵游之士一定会争相购之。其命运遭际与境遇的不同所导致的差异之大，实在是令人感怀。而文末作者所指出的，“而我与深源、克己独喜得之”，则是点明作者的幽愤悲叹之思。小丘虽见弃于世人，但幸得有心之人赏识，而作者自己贬窜南荒，无

---

① 刘师培．中国中古文学史；论文杂记［M］．舒芜，校点．北京：人民文学出版社，1959：121.

② 刘克庄．后村诗话：后集卷二［M］．王秀梅，点校．北京：中华书局，1983：65.

人见用，哀叹酸楚之感油然而生。

柳宗元的山水游记情境悠远，笔调明净简峭，言淡意远，寄托遥深。《钴鉧潭西小丘记》这篇文章虽然篇幅短小，但章法精妙，在较小的篇幅中将作者的乐中有忧、忧中有乐的复杂心路历程结缀成文，结构精巧，匠心独运，是值得后人学习的典范之作。如元人吴善《牧庵集序》中语："文章有一代之宗工，其出也，秉山川之灵，关天地之运，所谓百年几见者也。……唐三百年，惟韩愈、柳宗元二人。"①

---

① 吴善．牧庵集序［M］//姚燧．牧庵集［C］．影印本．北京：商务印书馆，1929．

感　谢[1]

汪国真

导读

汪国真（1956—2015），当代著名诗人，1982 年毕业于暨南大学中文系。1984 年发表第一首比较有影响的诗《我微笑着走向生活》，1990 年出版第一部诗集《年轻的潮》后，引起轰动，在全国掀起一股“汪国真热”。《感谢》是汪国真在 2006 年暨南大学百年校庆时所作的一首现代诗歌。

作品

让我怎样感谢你
当我走向你的时候
我原想收获一缕春风
你却给了我整个春天

让我怎样感谢你
当我走向你的时候
我原想捧起一簇浪花
你却给了我整个海洋

让我怎样感谢你
当我走向你的时候
我原想撷取一枚红叶
你却给了我整个枫林

让我怎样感谢你
当我走向你的时候
我原想亲吻一朵雪花
你却给了我银色的世界

---

① 选自《汪国真诗精选》（长沙文艺出版社，2015 年版，有改动）

赏析

《感谢》这首诗写于2006年，是汪国真在暨南大学百年校庆时写给母校的，其中饱含着汪国真对母校和老师的感恩之情。他发表于1979年的第一首诗歌《学校一天》就是描写在暨南大学的校园生活，当时被记者在校园黑板报上发现后发表在《中国青年报》上。也正是因为这样，他从此充满激情地走上诗歌创作的道路。时隔27年，已经成为中国著名诗人的汪国真又提笔写下《感谢》这首诗，情感依旧那么真切，但又随着岁月的沉淀愈加深沉。

汪国真的诗歌中兼有李商隐的警策、李清照的清丽、普希金的抒情和狄金森的凝练，以其清新晓畅、富有哲理、凝练简洁的诗风著称。从艺术手法来看，《感谢》这首诗恰到好处地运用了反复和对比的表现手法，形成了回环往复的抒情格调和对比强烈的情感冲击。全诗共分四节，以《感谢》为题，按春夏秋冬四个季节的顺序来写，每一节句式大致相同，每节的前两句都是“让我怎样感谢你/当我走向你的时候”。每节的后两句都是用“我原想”和“你却给”来开头，但又形成鲜明对比。第一节，“一缕春风”和“整个春天”形成对比；第二节，“一簇浪花”和“整个海洋”形成对比；第三节，“一枚红叶”和“整个枫林”形成对比；第四节，“一朵雪花”和“银色的世界”形成对比。将自己饱满的深情蕴含于自然界四季的美景之中，用生动的形象抒发感情，耐人寻味。

从语言特色看，汪国真诗歌短小凝练，从未刻意追求词藻的华美，而是以最简朴的语言、最真挚的情感、最透彻的感悟向你述说生活的点点滴滴。《感谢》一诗分为四节，每节四行，全诗共十六行，每行都很短。在句法上，整散结合，穿插使用，每句句式简短，没有冗长的修饰词，整齐匀称，体现出形式的建筑美，形成了“平白清丽，凝练简洁”的个人言语风格，读起来朗朗上口，尤其适合抒情、描写和格言警句写作，便于读者誊抄馈赠与记忆。如诗中的“收获”“捧起”“撷取”“亲吻”四个词都经过了严格的提炼，又饱含着深情。当我们只是渴望“一缕春风”“一簇浪花”“一枚红叶”“一朵雪花”的时候，他们往往回报我们的竟然是整个“春天”“海洋”“枫林”甚至是“银色的世界”。作者从生活中提炼出收获春风、捧起浪花、撷取红叶、亲吻雪花这样充满动感又有季节特点的图景，而期待与收获之间巨大的悬殊和反差，又增强了诗歌的表达效果。在那个艰涩难懂的朦胧诗走入困境的诗歌时代，汪国真这种平实的散文化诗文风格，给广大青年读者带来了分外的惊喜，犹如一股春风轻轻吹开了中国诗坛上空的阴霾，使人耳目一新，倍感清新，让其成为时代的宠儿。

从诗歌主题看，汪国真的诗歌主题都比较单一，一般来说每一首诗只表述一种情感或思想。《感谢》这首诗的四个小节都是围绕着“感谢”这一主题展开，也延续了他一贯以来积极向上、昂扬乐观的写作风格，给人以健康向上的精神引导，却又毫无说教的姿态。汪国真的诗句与句之间逻辑关系明确，常用因果、并列或转折关系连接句与句、节与节之间的文义。《感谢》这首诗四节之间就是并列的关系，无论是春风，还是浪花、红叶，或是雪花，都是大自然无私的馈赠。通过春夏秋冬四个季节的铺陈，把对大自然的感激之情表达得淋漓尽致。显然，汪国真在母校百年校庆时写下《感谢》这首诗，是为了赞颂母校、讴歌老师。不过，我们可以把诗歌中的“你”理解成生命中值得感恩的其他对象，可以是“父母”“母校”“祖国”“爱人”“好友”“好心人”，还有其他给“我”带来巨大收获、对“我”有深情厚谊的人，或是那些默默无闻，无私奉献又不求回报的人们。

1990 年 5 月 21 日，学苑出版社出版了汪国真第一部诗集《年轻的潮》，该书连续 5 次印刷，总印数达 60 多万册，诗集一直畅销不衰。1990 年被称为“汪国真年”，他也被誉为“中国诗歌最后一个辉煌的诗人”。“汪国真现象”成为 20 世纪 90 年代给人留下最深印象的文化现象之一。汪国真的诗作以广大青年为读者群，尤其是 20 世纪八九十年代的年轻人，汪国真的很多抒情诗、励志诗，他们都耳熟能详，像“既然选择了远方，便只顾风雨兼程”这样的诗句几乎是张口就来。2015 年 4 月，汪国真逝世的消息打破了诗坛的沉寂，引起了评论家和公众的广泛关注，在人们纷纷缅怀这位诗人的时候，很多质疑与非议也随之而来，文艺评论界批评汪国真的诗“过于直白”“浅陋”，甚至根本就不能算诗，诗人欧阳江河甚至说汪国真写的诗都是“假诗”。

诚然，汪国真的诗歌的确有它的局限性，譬如，抒情方式较为简单，艺术手法比较单一，一帆风顺的人生经历也制约了其诗歌主题的突破和思想深度的挖掘。但是，诗歌的价值应该交给读者和时间去评判，在某种程度上，汪国真的诗歌，对那些故弄玄虚、故作高深、过于自恋的诗歌，也构成一种反讽。20 世纪 90 年代初的年轻人，并不懂朦胧诗中所表达的忧郁与反思，属于他们的是青春、懵懂、激情与冲动，更加容易接受汪国真诗歌的抒情方式。在那个文学最匮乏的年代，汪国真曾经叩响过一代年轻人的心弦，为中国贫瘠的诗坛增添了一抹不明不暗的亮彩，给一代人留下温暖的记忆。2013 年，在亚太经合组织工商领导人峰会上，习近平主席还曾引用过汪国真的诗句：“没有比人更高的山，没有比脚更长的路。”可见，即使是在新的时代，汪国真的诗歌依然有着巨大的感召力。北京大学学者张颐武在《被低估的诗人和他的时代》中这样说：“在今天看来，其实汪国真是被低估了，他的诗虽然清浅，但也有些意味；在文学上未必能成家立派，但在当时文化中的意义却不容低估。”

知事下乡[①]

［法国］阿尔丰斯·都德

导读

都德的作品大多收集在1866年创作的《磨坊文札》这部作品集中，《知事下乡》便是选自其中，这是一篇揭示“人与自然的关系”主题的小说，借助拟人手法，通过知事自身的感悟，来展示自然对人的浸染作用。

作品

知事先生出巡去了。驭者导前，仆从随后，一辆知事衙门的四轮车，威风凛凛地，一直奔向那共阿非的地方劝业会去。因为这一天，是个重要的纪念日，所以知事先生，打扮得分外庄严：他身披绣花的礼服，头顶折叠的小冠，裤子两旁贴着银色的徽带，徽带上还连着一把嵌螺细柄的指挥刀，闪闪地在那里发光，……在他的膝上，正摊着一个皮面印花的大护书。知事先生端坐在四轮车内，面上堆着些愁容，只管向那皮面印花的大护书出神；他一路想，几时他到了那共阿非，见了那里的百姓们，总免不了要有一番漂亮而动听的演说：

“诸位先生，诸位同事们……”

知事先生，把这两句话，周而复始地，足足念了二十余次：

“诸位先生，诸位同事们……”可是总生不出下文。

这两句话的下文，差不多断绝了……四轮车内的空气，热不可当！那道上的灰尘，在正午的阳光下，兴奋奔腾地跳舞，甚至于对面的人，都被他障了……那道旁的树林，一齐遮着白灰，只听得整千整万的蝉声，遥遥地在那里问答……知事先生，正气闷的当儿，忽然瞥见了一丛小的槠树林，在山坡的脚下，招展着树枝，好像正笑嘻嘻地欢迎他。

好像说：“快来，快来，知事先生，你不是筹备演说吗？那么何不请到我们这树林下来，包管你要强得多……”

知事先生，居然中了他的诱惑了。他一面吩咐仆人们停车；一面从四轮车里，跳

① 选自《磨坊文札》(上海译文出版社2011年版)，有改动。阿尔丰斯·都德（1840—1897），19世纪法国现实主义小说家。主要代表作有散文和故事集《磨坊文札》，长篇小说《小东西》，短篇小说集《月曜日故事集》。

了下来，径自走进那片小的楮树林里。

树林里，有成群的鸟儿，在头上唱歌；那无数的清泉，在草地上流淌；还有紫堇花，在旁边发香……他们瞧见知事先生，和他一条这样体面的裤子，一个皮面的印花的护书，登时大起恐慌。那些鸟儿们，一齐停止了歌唱；那泉儿，也不敢再作声了；那紫堇花们，更是急得低着头，向地下乱躲……这些小东西们，自从出世以来，从没有见过一个县知事，在这光景里，大家都私下互相猜度：这样体面的裤子的主人，究竟是一位什么人物？

在一丛茂盛的叶子底下，聚集了一种极细微的声音，大家都在那里互相猜度：这样体面的裤子的主人，究竟是一位什么人物……知事先生，对于如此寂静而清凉的树林，头脑清醒了不少。他撩起了衣裳，摘下了帽子，在一块草地上，舒舒服服地坐下；随手把他的皮面印花的护书，张开了放在膝上，又向那护书里面，抽出了一张四六开的大纸。

“这竟是一位美术家呀！”那秀眼鸟先开口说。

“否，否，”接着说的是一只莺鸟，“这哪里是美术家，你不看见他裤子上的徽带吗？照我来看，十有七八，还是一位贵族哩。”

“十有七八，还是一位贵族哩。”那莺鸟把自己的主张，重复了一遍。

“也不是美术家，也不是贵族，”一只老黄莺抢着来打断他们俩的辩论，他曾经在那知事衙门的花园里，足足唱了一个春天的歌……“只有我知道，这是一个县知事呀。”

这时那些细微的语声，不知不觉渐渐地放纵起来了：

“这原来是一个县知事！这原来是一个县知事！”

一会儿，那紫堇花发问道：

“他可含有什么恶意？”

“一点儿也没有。”那老黄莺鸟儿接着答复。

因为有了这老黄莺鸟儿的保险，于是那鸟儿们，重新一个个地，去恢复他们的歌唱；那些泉儿们，照常在草地上，汩汩地流淌；那些紫堇花们，也依旧放着胆去发他们的香气；好像这知事先生没有在那里一般……

在这喧哗而又恬静的林子间，知事先生，又起了念头，要继续去筹备他的演说了：

“诸位先生，诸位同事们……”

“诸位先生，诸位同事们……”知事先生，用一种极有礼貌的声音，发出这几个字……

不料霎时之间，从背后传来了一阵笑声，把他的文思，又打断了。知事先生侧头看时，只见一只黄绿色的啄木鸟，歇在他的帽顶上，嬉皮赖脸地，正向着他笑。知事先生，把肩胛一耸，露出不屑睬他的神气，刚想回转头来，继续去筹划他的演说；哪知道那啄木鸟很不知趣，索性大声地唱将起来。

“这又何苦来！”

“怎么！这又何苦来！”知事先生，气嘘嘘地涨红了脸，一面随手做个手势赶开那顽皮的畜生；一面加上些气力，回头来重新干他的本行：

“诸位先生，诸位同事们……”

“诸位先生，诸位同事们……”知事先生，加了些力气，回头来重新干他的本行。

但是事有不巧，那啄木鸟方面的交涉，才刚结束，这里一丛小弱的紫堇花们，觑着知事先生思绪缭乱的当儿，也一起翘起了他们的梗儿枝儿，和着一种甜而且软的语气，到他的面前来献殷勤了：

“知事先生，你可觉得香吗?”

于是一唱百和，那些泉儿们，登时就在他的脚下，潺潺地奏起一种文雅的音乐；那些秀眼鸟儿，也在他头顶的树枝上，使尽毕生的本领，唱出一阕怪美丽的调子，来给他听；其余树林周围，上下左右一切的东西，没有一个不是效尤着，全体一致地来阻止知事先生演说的起草。

知事先生，鼻孔里熏醉了香味；耳朵里充满了歌声；他未始没有意思，想摆脱这些妖媚的蛊惑，可是他办不到了。他偃仰在草地上，徐徐解去他华美的装饰，他把已成的演说，艾艾……艾艾地，从头再述两三回：

“诸位先生，诸位同事们……诸位先生，诸位同事们……”

赏析

都德是法国文学史上在短篇小说创作上取得较高成就的作家之一。相对而言，他短篇小说的数量并不多，四个短篇集总共不到一百篇，远不能与莫泊桑相比。在都德的作品集中，较为重要的是《磨坊文札》（1869）与《月曜日故事集》（1873）。《月曜日故事集》收录的是以普法战争为题材的一系列短篇小说，中国读者对出自其中的《最后一课》情有独钟。其实，都德还有另一种类型的作品较少受到关注，那就是对他故乡普罗旺斯地区生活的描写。这一系列作品都被收录入1866年发表的散文和故事集《磨坊文札》，是都德归居田园的怀乡之作。

正如莫泊桑在法国文学中以描写诺曼底景物著称一样，都德则以对南方风情出色的描写而闻名。都德的家乡在法国南部美丽的普罗旺斯，成名之后的都德在普罗旺斯乡间的一个山坡上，购买了一座旧的风力磨坊，他经常离开喧闹的巴黎来到这里过隐居生活。《磨坊文札》一书的灵感与题材就是在这里获得的。在这里，他写下了一系列讴歌田园生活的篇章。他将磨坊的自由舒适与巴黎的嘈杂而昏暗相对比，其中众多短篇皆取材于普罗旺斯丰富多彩的日常生活，有小人物的生活烦恼，有牧童间的纯情初恋，有手工磨坊面对资本主义竞争的不幸遭遇，有乡邻之间团结友善的纯朴风情。对于都德，普罗旺斯的一切都具有迷人的魅力，在其作品中，作者也表达了对故土的深挚眷恋。他的温柔的目光遍抚普罗旺斯的山冈、草木、牛羊，他的精致的文笔写出了此地的人情、人性、风俗，一个从没到过普罗旺斯的人，读了此书，都会有恍如置身其中的感受，陶醉在那美好的乡间。

《知事下乡》便是选自《磨坊文札》的一篇经典作品。在这部短篇中描写了一位下乡的知事，他想要为一场演讲做准备，可是面对普罗旺斯迷人的风景却一个字也说不出来，情不自禁醉倒在山林里。都德用童谣般的笔调书写大自然的生机与活力。这篇小说开头虽着墨不多，但将知事出巡的场面写得隆重庄严，意在与后文槠树林间恬静和谐的氛围形成对比，从而更加有力地凸显主题。小说主要借助排比、拟人、点面结合等手法对林间动植物进行描绘，既生动优美，又特点鲜明，显示了作者高超的语言驾驭能力。

在艺术上，都德的短篇小说别具一格，他的风格淡雅柔和，结构灵活自由，这就使得作品具有一种散文化的特色。小说在情节上没有刻意构建复杂尖锐的矛盾冲突，虽也微波屡兴、张弛有致，但总体上平和推进，呈现出一种散文化、诗意化的美感。《知事下乡》中“诸位先生，诸位同事们……”反复出现，使得这部小说呈现出强烈的诗化风格，故事性并不强，情节大都平淡无奇，缺少戏剧性的效果，完全是属于平凡的生活现象。都德的短篇之所以不以故事情节而以韵味取胜，首先在于他是一个富有诗人气质的小说家，而不是一个以叙述见长的“讲故事的人”，在他身上最强有力的禀赋并不是观察与想象，而是感受。他敏锐而细致，即使对普通的日常生活也有自己微妙的感受，在一片南国景色前他会产生欣喜如醉的情绪，由此写出一篇动人的故事。

都德既属于自然主义，又与自然主义有很多不同。他赞同左拉的自然主义创作论，但是，在创作实践中，却并不是像科学家那样，在实验室里单纯客观地记录人类的活动和无动于衷地描写社会现实。他往往以自己熟悉的小人物为描写对象，以亲切的略带幽默的眼光观察他们。他的观察细致入微，善于从生活中挖掘某些有独特意味的东西，又以平易自然的风格加以表现，并把自己的感情深深注入字里行间。因此，他的作品往往带有一种柔和的诗意和动人的魅力。《磨坊书札》呈现了都德的理想生活，不仅表现了普罗旺斯农村中人与人之间淳朴、和谐的关系，也反映了资本主义入侵之后，传统精神与习俗中所产生的一种无能为力的状态。在描绘普罗旺斯人淳朴性格的同时，也表达了对淳朴风习逐渐轻淡的哀婉。都德短篇小说的风格是他热烈的气质、温和的人生态度、敏锐的感受方式与自己特定的艺术方法所综合决定的产物。他这种散文化但充满了感情与诗意的小说风格，在文学发展过程中具有某种示范意义，它与莫泊桑式的短篇小说相对，提供了另一种小说类型的样本。知事由气闷心躁到最后舒舒服服偃仰在草地上，逐渐将自己融入自然之中。我想，都德也一定曾经躺在普罗旺斯的山冈上，感受到大自然的抚慰和启示，《知事下乡》一定是来自都德在磨坊生活时的真实感受。

重读《磨坊文札》，我们仿佛看到都德满怀着亲切眷恋的柔情，用简约的笔触与清丽的色调描绘出一幅幅优美动人的普罗旺斯画面。《磨坊书札》中很多的文字都在向人们展示普罗旺斯的魅力，如《在卡玛尔克》《繁星》《橙子》等篇章中，每一篇都是一幅让人如痴如醉的风景画：南方烈日下幽静的山林、铺满了葡萄与橄榄的原野、吕贝龙山上迷人的星空、遍布小山冈的风磨、节日里麦场上的烟火、妇女身上的金十字架与花边衣裙、路上清脆的骡铃声，还有都德他自己那著名的像一只大蝴蝶停在绿油油小山上的磨坊……所有这些极富南方色彩的画面，在法国文学的地方风光画廊里，以其淡雅的风格与深长的韵味而永具艺术生命力。

丑　石[1]

贾平凹

导读

大自然中，美石奇石无处不在。于是，文学作品中，石头也屡见不鲜。石头，在女娲手中用来补天，在精卫嘴里用来填海，在吴承恩笔下蹦出个孙猴儿，在曹雪芹笔下化身为通灵宝玉，在柳宗元笔下成为小石潭的底。在贾平凹的笔下，也有着一块石头，还是一块极丑的石头！赶紧来了解这是怎么样的一块石头吧。

作品

我常常遗憾我家门前的那块丑石呢：它黑黝黝地卧在那里，牛似的模样；谁也不知道是什么时候留在这里的，谁也不去理会它。只是麦收时节，门前摊了麦子，奶奶总是要说：这块丑石，多碍地面哟，多时把它搬走吧。于是，伯父家盖房，想以它垒山墙，但苦于它极不规则，没棱角儿，也没平面儿；用錾破开吧，又懒得花那么大气力，因为河滩并不甚远，随便去掮一块回来，哪一块也比它强。房盖起来，压铺台阶，伯父也没有看上它。有一年，来了一个石匠，为我家洗一台石磨，奶奶又说：用这块丑石吧，省得从远处搬动。石匠看了看，摇着头，嫌它石质太细，也不采用。

它不像汉白玉那样的细腻，可以凿下刻字雕花，也不像大青石那样的光滑，可以供来浣纱捶布；它静静地卧在那里，院边的槐荫没有庇覆它，花儿也不再在它身边生长。荒草便繁衍出来，枝蔓上下，慢慢地，竟锈上了绿苔、黑斑。我们这些做孩子的，也讨厌起它来，曾合伙要搬走它，但力气又不足；虽时时咒骂它，嫌弃它，也无可奈何，只好任它留在那里去了。

稍稍能安慰我们的，是在那石上有一个不大不小的坑凹儿，雨天就盛满了水。常常雨过三天了，地上已经干燥，那石凹里水儿还有，鸡儿便去那里渴饮。每每到了十五的夜晚，我们盼着满月出来，就爬到其上，翘望天边；奶奶总是要骂的，害怕我们摔下来。果然那一次就摔了下来，磕破了我的膝盖呢。

人都骂它是丑石，它真是丑得不能再丑的丑石了。

---

① 选自《中国新时期文学精品大系：丑石》（中国文学出版社，1993 年版），有改动。贾平凹，原名贾平娃，1952 年出生于陕西丹凤县。中国当代作家。主要代表作有《废都》《秦腔》《黑氏》等。

终有一日，村子里来了一个天文学家。他在我家门前路过，突然发现了这块石头，眼光立即就拉直了。他再没有走去，就住了下来；以后又来了好些人，说这是一块陨石，从天上落下来已经有二三百年了，是一件了不起的东西。不久便来了车，小心翼翼地将它运走了。

这使我们都很惊奇！这又怪又丑的石头，原来是天上的呢！它补过天，在天上发过热，闪过光，我们的先祖或许仰望过它，它给了他们光明，向往，憧憬；而它落下来了，在污土里，荒草里，一躺就是几百年了?!

奶奶说："真看不出！它那么不一般，却怎么连墙也垒不成，台阶也垒不成呢?"

"它是太丑了。"天文学家说。

"真的，是太丑了。"

"可这正是它的美!"天文学家说，"它是以丑为美的。"

"以丑为美?"

"是的，丑到极处，便是美到极处。正因为它不是一般的顽石，当然不能去做墙，做台阶，不能去雕刻，捶布。它不是做这些玩意儿的，所以常常就遭到一般世俗的讥讽。"

奶奶脸红了，我也脸红了。

我感到自己的可耻，也感到了丑石的伟大；我甚至怨恨它这么多年竟会默默地忍受着这一切，而我又立即深深地感到它那种不屈于误解的寂寞的生存的伟大。

赏析

《丑石》是作家贾平凹所写的一篇精美的散文，蕴含着丰富的内容和深刻的意义。

1. *丑石有多"丑"?*

丑石之所以让人觉得丑，主要是三方面的原因。第一是样子确实不好看。文章对丑石的样貌着墨并不多，仅用寥寥几笔：黑黝黝，锈上了绿苔、黑斑，有一个不大不小的坑凹儿。按照大众的审美眼光，这模样当然不能跟精美晶莹的宝石、绚丽多彩的奇石相媲美，简直一个在天上，一个在地下，自然是应该归属于丑陋的石头。第二是用途一无是处。家人并不是没想过给丑石一个"用武"的机会，但最终都以失败告终：垒山墙——"极不规则"；做石磨——"石质太细"；刻字雕花——不够细腻；浣纱捶布——不够光滑。丑石毫无用处也罢了，问题还在于"碍地面"，想搬走又力气不足。第三是不祥的祸根。丑石是我"摔了下来，磕破了我的膝盖"的罪魁祸首。奶奶一直不喜欢丑石"招惹"孩子们，担忧孩子们因此而受到伤害。随着意外小事故的发生，丑石也就让大家更加看不顺眼了。于是，被彻底打入"丑得不能再丑"的冷宫。

2. *"丑"中可有美?*

丑石虽丑，瑕不掩瑜，丑不掩美。文章开篇介绍丑石有着"牛似的模样"，一种厚实质朴、任劳任怨、默默无闻的特质已隐匿于字底之下，让人顿时心生好感。即使如废物般“任它留在那里”，丑石也不忘发挥出微小的价值，“在那石上有一个不大不小的坑凹儿，雨天就盛满了水”。沦落到底层之后，依然秉着天生我材必有用的信念，哪怕卑微如禽畜槽枥，也无怨无恨任由着“鸡儿便去那里渴饮”。一到月圆之夜则成为望月的奠基石，孩子们“盼着满月出来，就爬到其上，翘望天边”。后来，随着陨石真实身份的揭露，丑石的本质美自然而然地显露出来。“它补过天，在天上发过热，闪过光，我们的先祖或许仰望过它，它给了他们光明，向往，憧憬；而它落下来了，在污土里，荒草里，一躺就是几百年了?!”丑石有过辉煌的过去。它的光辉，灿烂到让人无法直视；它的隐忍，坚韧到让人无法摧灭。这所有的一切，皆是不能忽略的内涵美。

3．*丑石可另有所指?*

丑石的遭遇令人扼腕长叹，引发读者对丑石命运的多舛，以及造就丑石命运的周遭大环境的深思。“正因为它不是一般的顽石，当然不能去做墙，做台阶，不能去雕刻，捶布。它不是做这些玩意儿的，所以常常就遭到一般世俗的讥讽。”假如没有天文学家的到来，丑石是否一辈子埋没于此呢？众石皆美我独丑，这种孤傲让读者自然而然地想到另一种际遇：众人皆醉我独醒。

《丑石》大约写于1981年，那时候，全国正在落实政策，对“文革”以及历史上遗留下来的冤案、假案和错案进行平反、纠正、昭雪。这篇散文是否指向政治大环境，贾平凹并没有明确表明态度。但当时这篇散文一发表，就在社会上引起广泛关注，唤起众多民众的心声共鸣。受害者由丑石的遭遇联想到人的遭遇，在丑石身上看到了自己的影子；思考者在丑石“常常就遭到一般世俗的讥讽”处身环境，看到那段特殊的社会气候；忏悔者在“奶奶脸红了，我也脸红了”的态度上，多多少少也开始反省，“感到自己的可耻”；更多的读者则由“它补过天，在天上发过热，闪过光，我们的先祖或许仰望过它，它给了他们光明，向往，憧憬；而它落下来了，在污土里，荒草里，一躺就是几百年了?!”读到一种精神，“深深地感到它那种不屈于误解的寂寞的生存的伟大”……

4．*丰富多样的情感变化*

我们对丑石的情感变化是文章的一条主线，也是文章的一大写作特色。我们对丑石的感情显得极为细腻且丰富。一开始，丑石的不好看和无用，遭所有人三番四次的嫌弃，“谁也不去理会它”，我“常常遗憾”。丑石开始荒废了，“荒草便繁衍出来，枝蔓上下，慢慢地，竟锈上了绿苔、黑斑”，“我们这些做孩子的，也讨厌起它来……虽时时咒骂它，嫌弃它”，厌恶之情溢于言表。当我从丑石上“摔了下来，磕破了我的膝盖”时，丑石就成为众矢之的，被人所责怪。直到获知丑石是陨石后，深感意外，“这使我们都很惊奇”。发现丑石脱俗之美，“奶奶脸红了，我也脸红了”，我们感到很难为情。此时的情感最为复杂丰富，“我感到自己的可耻”，因无知而羞愧；“我甚至怨恨它这么多年竟会默默地忍受着这一切”，因丑石“那种不屈于误解的寂寞的生存”

的品性而愤其不争；“深深地感到它……的伟大”，因丑石的伟大而敬佩。

5．独特的儿童视角表达手法

细读全文，那是一个不谙人事，保持着单纯童真的孩子，在向成年人讲述着事件的来龙去脉。不少语句都彰显出浓重的孩子气，如“我常常遗憾我家门前的那块丑石呢”，句尾一个“呢”把小孩子惋惜的语气表现得鲜明突出。“奶奶总是要说：这块丑石，多碍地面哟，多时把它搬走吧。”里面的“哟”“吧”又让我模仿奶奶说话腔调的嗔怪神情跃然纸上。“磕破了我的膝盖呢”，只一个“呢”就把孩子受伤求安慰的语气表现得淋漓尽致。“它真是丑得不能再丑的丑石了”，“真是”更是将我赌气的形象刻画得入木三分。就连真相大白时，“这又怪又丑的石头，原来是天上的呢”，也不忘记用“呢”透露出意想不到、吓我一跳的可爱反应。

推荐书目

1．《瓦尔登湖》

推荐理由：《瓦尔登湖》是美国作家亨利·戴维·梭罗独居瓦尔登湖畔的记录，描绘了他两年多时间里的所见、所闻和所思。该书崇尚简朴生活，热爱大自然的风光，内容丰富，意义深远，语言生动。梭罗善用比拟、比喻的手法，写眼前的一切事物，在梭罗的眼中，这些自然物并非死去，而是鲜活。而做到这一点，则归功于梭罗使用的一种与泥土接壤的语言，如同农夫播种一样自然的文字，恰恰这种语言风格保持着《瓦尔登湖》一书的鲜嫩，而鲜嫩的东西是长久的。这一点，在《瓦尔登湖》一书中处处可见。

2．《草房子》

推荐理由：《草房子》是作家曹文轩创作的一部长篇小说。作品中讲述了男孩桑桑刻骨铭心、终生难忘的六年小学生活。这六年，是他接受人生启蒙教育的六年。《草房子》描绘了一幅人与自然和谐共生的美丽画面。这里有水网密布、垣篱交错的江南水乡油麻地，有掩映在红色枫树中的金色茅草房，有开满百合花的大峡谷。通过风景描写营造了一个个具有梦幻感的和谐的美丽家园。

拓展链接

1．朱国良《感悟春天》
2．鲁迅《雪》
3．冯剑华《雨》
4．林清玄《随风吹笛》
5．刘芳《林中腊月》
6．屠格涅夫《树林和草原》
7．卢梭《生活在大自然的怀抱里》

8. 袁宏道《满井游记》
9. 郁达夫《故都的秋》
10. 张岱《湖心亭看雪》
11. 川端康成《花未眠》
12. 刘亮程《对一朵花微笑》
13. 张晓风《敬畏生命》
14. 东山魁夷《一片树叶》
15. 古清生《一朵鲜花》
16. 张晓风《春在……》
17. 林徽因《窗子以外》
18. 杜渐坤《落叶》

沐浴亲情

亲情是人类固有的、永恒的情感。有人说，亲情是一坛老酒，甜美醇香；有人说，亲情是一江春水，源远流长；更有人说，亲情是一首老歌，轻柔温婉……古往今来，有多少文人墨客讴歌过亲情，有多少天涯游子惦记过亲情，但亲情有多高多厚、多远多深，又有谁能够说个明白道个清楚。本单元选文均为中外名家优秀之作，有的感情真挚，感人至深；有的构思奇特，引人入胜；有的语言精致，表达入微……每一篇作品的背后，都有一段发人深省的故事。阅读这些作品，你可以感受亲情的无私与伟大，更可以获得精神的享受和境界的提升。

父亲·童年（节选）[①]

林语堂

导读

林语堂是中国现代作家，也是为数不多的能同时用汉语和英语写作的中国现代作家。他在小说和散文创作上都有丰厚的收获。尤其是他的散文创作，自觉提倡闲适、幽默的文风和格调，对中国现代散文产生过相当大的影响。这篇林语堂回忆自己父亲和童年的散文，虽然采用了质朴的文风和笔调，但是充分表达了自己对父亲和童年的真挚深沉的感情。

---

① 选自《吾国吾民八十自叙》（作家出版社，1995年版）。林语堂（1895—1976），原名和乐，中国作家，学者。主要代表作有《京华烟云》《东坡诗文选》。

作品

我生于1895年（光绪二十一年）。时值清末，光绪皇帝还活着，慈禧太后正享受最后的荣华。中日甲午战争，中国兵败，那年根据《马关条约》把台湾割让给日本。慈禧太后挪用中国海军的预算，修建颐和园。根据记载，有一艘炮艇被敌军掳获，船上只有两发炮弹。腐败的清朝官僚曾向大大小小的国家购买弹药，弄得元气大伤。日本在明治天皇的领导下，大事革新，1840年打赢了日俄战争，清朝的行尸走肉还是行尸走肉。

我生于福建南部平和县的坂仔乡（漳州龙溪）。下列几件事对我的童年影响最大：一是山景。二是家父，不可思议的理想主义者。三是亲情似海的基督教家庭。

父亲是无可救药的乐天派，感觉灵敏，想象力很强，而且十分幽默。在长老会牧师群中，父亲以超进步而知名，当年厦门没有几个小伙子听说过圣约翰大学，他却送孩子到上海接受英文教育。他身材短小精壮，前额突出，配上匀称的下巴和弯曲的胡子。就我记忆所及，我十岁的时候，他已经五十多岁了。

最特别的是他在同辈牧师面前的悠然笑貌。他对子女很和气，但是尽量维持老父母的威严，却也不时说个笑话给我们听，或者把一碟菜推到母亲面前，间或夹夹菜给她。厦门是1849年最先开放传教的五个港口之一。他曾说起厦门先锋牧师塔玛奇博士（Dr. Talmage）的笑话。当时教堂分为男女两席。一个闷热的下午，他正在讲道，看见男信徒都睡着了。女信徒则七嘴八舌在聊天，没有人听讲。塔玛奇博士欠身说："如果姐妹们别再大声讲话，这一边的男信徒就可以舒舒服服睡一个午觉了。"

父亲深得漳州基督教友的敬爱。他说话直截了当，一般人都能听懂。

就我所知，父亲是自力更生的人。他曾在街上卖糖果，也曾卖米给囚犯，利润很高。他还将五里沙的竹子卖到漳州，两地距离十英里或十五英里左右。

他肩膀上有一道扛竹竿造成的凹痕，一直没有消失。有一次，人家要他做个人情，从五里沙挑一担东西给一位基督教牧师。这位教友对小孩子毫不留情，挑子压得好重，锅啊盆啊都放在里边，还说："乖，你挑得动。这才乖。"直到今天，他还记得大热天下午挑的那一副担子。所以他一直为劳工讲话。

我记得他曾和当地的税务官吵了一架，那个人领有执照，可以在五天一次的乡村市集中任意收税。有一个人去卖火柴。那个山地人得将货品挑到市集，得花三天砍柴，劈柴，熏成木炭。一捆卖两百文钱，居然要抽一百二十文的税金。父亲刚好走过。看穷人受欺侮，他打抱不平，和税务官吵了一架。群众都来围观。最后那个税务官看父亲年高望重，答应减收——我不知道减了多少。

父亲回来谈起这件事，还深恨那名税务官欺侮人。

赏析

文章一开始是时代背景的介绍。这是一个国家内忧外患、人民灾难深重的时代。

清廷政治上的腐败无能是首要的原因。这里举了一个具体的事例，慈禧太后为了自己的享乐，居然挪用了海军的预算经费来修建颐和园。作者关于自己父亲和童年的回忆，就是在这样的背景上展开了。

在幼小的林语堂眼里，父亲是个乐天的人，甚至有点“不可救药”。他对别人总是“悠然笑貌”的样子。尤其是对自己的子女，父亲很和气。这里提到一个细节更能充分说明这一点。父亲吃饭时会“把一碟菜推到母亲面前，间或夹夹菜给她”。这不只表达了父亲对母亲的呵护和关爱，也体现了父亲对女性的尊重。这在当时一般的家庭，尤其是整个社会封建观念还很浓厚的氛围里，的确是难能可贵的，也是不可想象的。从另一方面也可以看出，父亲身上有着一股强烈的理想主义色彩。

父亲也很幽默。生活中幽默的人，总是能给人们带来欢声笑语。林语堂的父亲就是这样的。他时不时还会给孩子们讲讲笑话。有一次，父亲给家人讲了先锋牧师塔玛奇博士的笑话。当时教堂分为男女两席。一个闷热的下午，他正在讲道，看见男信徒都睡着了。女信徒则七嘴八舌在聊天，没有人听讲。塔玛奇博士欠身说：“如果姐妹们别再大声讲话，这一边的男信徒就可以舒舒服服睡一个午觉了。”像这样的笑话，让人听了真是忍俊不禁。

父亲身上还有一种可贵的精神品质，那就是自力更生的精神。他能够吃苦耐劳，可以“将五里沙的竹子卖到漳州，两地距离十英里或十五英里左右”，这样，也自然使得父亲对于穷苦人富于同情心。尤其是看到一个基督教教友对小孩子毫不留情，挑子压得好重，锅啊盆啊都放在里边，还说：“乖，你挑得动。这才乖。”父亲不以为然的态度跃然纸上。这也多少说明了世态的炎凉，人情的冷暖，即使在一些向来标榜“博爱”的基督教教徒中也不乏其人。

面对社会不公，父亲敢于仗义执言、挺身而出。为了税务官多收了卖火柴的钱，父亲竟然和税务官公开争吵。在旧时代，这样官僚欺压百姓的事情可以说是司空见惯、比比皆是。人们一般的态度，恐怕都是事不关己高高挂起，甚至唯恐避之不及呢，谁还敢和强权争执论理呢？而林语堂的父亲就敢据理力争，就敢抗争强权。这就是林语堂眼中的父亲，一位敢于仗义执言的勇敢的父亲。

当然作为父亲，教育好子女也是其很重要的责任。在教育子女方面，林语堂的父亲的确有着超前意识。当年厦门没有几个小伙子听说过圣约翰大学，他却送孩子到上海接受英文教育。作为教会大学，圣约翰大学以它独特的教育理念，对中国现代大学教育曾经有过重要贡献。林语堂之所以后来能够成为为数不多的，能够用中、英文进行文学创作的现代中国作家，自然也得益于这所教会大学的良好教育。

林语堂回忆父亲和童年的这篇散文，通篇充满了一种温馨的感觉，幸福的感觉。我们可以看出这是一位开明的、慈爱的父亲。当然也是一位对自己的妻子充满了爱意和尊重的丈夫。

应该说，林语堂的家庭并不是一个典型的中国传统家庭。由于这个家庭所处的厦门是 1849 年最先开放传教的五个港口之一，这里在社会经济文化等方面都较早受到外来经济文化的影响。因而，这里的人们也相对具有包容性，具有开放心态，具有一定的现代国际视野。林语堂的父亲是一名基督教传教士。基督教中男女平等的观念，无疑对父亲有着很深的影响。我们从文章中看到，父亲对于母亲的爱意和尊重，其实就是男女平等观念的具体体现之一。开放性的心态，也使得父亲在子女的教育问题上选择了教会大学。在当时的中国，这恐怕也是不多见的。身为基督教传教士的父亲身上的理想主义色彩，也可以从他对其他教友的不满，以及敢于和税吏的直言抗争的行为中看出来。但是，我们也应该看到林语堂家庭背景的特殊性，即这是一个中国的基督教传教士家庭。在那个民族灾难深重的黑暗年代，一个人、一个家庭都有其自己独特的选择。选择基督教也许是一条无可厚非的道路。这里我们只能给予同情性理解。至于对那些早期殖民主义者，以宗教为幌子在中国犯下的罪行，我们这里是无意为之隐瞒和回护的。

多年父子成兄弟①

汪曾祺

导读

汪曾祺是当代著名作家，被誉为“抒情人道主义者，中国最后一个纯粹的文人，中国最后一个士大夫”。汪曾祺的散文创作很有特色。他的散文内容平实，语言质朴，但其中又有着一种文人气，有着一种真性情的流露。汪曾祺的散文作品，始终洋溢着一股人间温情，一种面对困难的乐观精神和豁达气度。这是一种难得的精神品质。因此，读汪曾祺的散文，往往使人有着一种扑面而来的亲切感。这篇《多年父子成兄弟》就是如此。

作品

这是我父亲的一句名言。

父亲是个绝顶聪明的人，也是个很随和的人，我很少见他发过脾气，对待子女，从无疾言厉色。他爱孩子，喜欢孩子，爱跟孩子玩，带着孩子玩。我的姑妈称他为“孩子头”。春天，不到清明，他领一群孩子到麦田里放风筝。放的是他自己糊的蜈蚣（我们那里叫“百脚”），是用染了色的绢糊的。放风筝的线是胡琴的老弦。老弦结实而轻，这样风筝可笔直地飞上去，没有“肚儿”。清明节前，小麦还没有“起身”，是不怕践踏的，而且越踏会越长得旺。孩子们在屋里闷了一冬天，在春天的田野里奔跑跳跃，身心都极其畅快。他用钻石刀把玻璃裁成不同形状的小块，再一块一块逗拢，接缝处用胶水粘牢，做成小桥、小亭子、八角玲珑水晶球。桥、亭、球的中间是空的，里面养了金铃子。从外面可以看到金铃子在里面爬行，振翅鸣叫。

他还会做各种灯。用浅绿透明的“鱼鳞纸”扎了一只纺织娘，栩栩如生。用西洋红染了色，上深下浅，通常做花瓣；做了一个重瓣荷花灯，真是美极了。用小西瓜（这是拉秧的小瓜，因其小，不中吃，叫作“打瓜”或“笃瓜”）上开小口挖净瓜瓤，在瓜皮上雕镂出极细的花纹，做成西瓜灯。我们在这些灯里点了蜡烛，穿街过巷，邻居的孩子都跟过来看，非常羡慕。

父亲对我的学业是关心的，但不强求。我小时了了，国文成绩一直是全班第一。

---

① 选自《汪曾祺作品集4：生活的智慧》（湖南文艺出版社，2015年版），有改动。汪曾祺（1920—1997），当代小说家、散文家和戏剧家，主要代表作有《受戒》《晚饭花集》《晚翠文谈》等。

我的作文，时得佳评，他就拿出去到处给人看。我的数学不好，他也不责怪，只要能及格，就行了。他画画时，我在旁边看，其余时间由我自己乱翻画谱，瞎抹。我对写意花卉那时还不太会欣赏，只是画一些鲜艳的大桃子，或者画些我没有见过的瀑布。我小时字写得不错，他倒是给我出过一点主意。在我写过一阵“圭峰碑”和“多宝塔”以后，他建议我写写“张猛龙”。这建议是很好的，到现在我写的字还有“张猛龙”的影响。我初中时爱唱戏，在家里，他拉胡琴，我唱。学校开园乐会，他应我的邀请，到学校去伴奏。几个同学都只是清唱。有一个姓费的同学借到一顶纱帽，一件蓝官衣，扮起来唱“朱砂井”；但是没有配角，没有衙役，没有犯人，只是一个赵廉，摇着马鞭在台上走了两圈，唱了一段“郡坞县在马上心神不定”便完事下场。父亲那么大的人陪着几个孩子玩了一下午，还挺高兴。我十几岁就学会了抽烟喝酒。他喝酒，给我也倒一杯。抽烟，一次抽出两根，他一根我一根。他还总是先给我点上火。我们的这种关系，他人或以为怪。父亲说：“我们是多年父子成兄弟。”

我和儿子的关系也是不错的。我的孩子有时叫我“爸”，有时叫我“老头子!”，连我的孙女也跟着叫。我的亲家母说这孩子“没大没小”。我觉得一个现代化，充满人情味的家庭，首先必须做到“没大没小”。父母叫人敬畏，儿女“笔管条直”最没有意思。儿女是属于他们自己的，他们的现在，和他们的未来，都应由他们自己来设计。一个想用自己理想的模式塑造自己的孩子的父亲是愚蠢的，另外作为一个父亲，应该尽量保持一点童心。

赏析

1920年，汪曾祺出生于江苏高邮的一个旧式地主家庭。在汪曾祺三岁的时候，母亲就因病去世。因而，多才多艺的父亲，对汪曾祺的人生有着更多、更深刻的影响。汪曾祺博览群书，爱好兴趣广泛，精通书、画、文学、民间戏曲等。

“多年父子成兄弟。”作者在标题中就说出了父亲的这句名言。其实，这句话，既是父亲教育子女的态度、智慧，也是父子关系的真实写照。这句话可以看作全文的“题眼”。

在汪曾祺的眼里，父亲首先是一位宽厚长者。他待人随和，尤其对自己的子女，从不疾言厉色。“他爱孩子，喜欢孩子，爱跟孩子玩，喜欢跟孩子玩。”父亲是一个名副其实的“孩子头”。喜欢孩子，喜欢跟孩子玩的父亲，自然也会深受孩子的喜爱。

喜欢跟孩子玩的父亲，自然也是一位会玩的父亲。会玩的父亲，在孩子们眼里永远是聪明的。父亲的多才多艺、心灵手巧，常常让人羡慕不已。春天里，清明来了，父亲会带着孩子去田里放风筝。风筝是父亲“自己糊的蜈蚣（我们那里叫‘百脚’），是用染了色的绢糊的。放风筝的线是胡琴的老弦”。父亲还会“用钻石刀把玻璃裁成不同形状的小块，再一块一块逗拢，接缝处用胶水粘牢，做成小桥、小亭子、八角玲珑水晶球”。

尤其是父亲会做各种各样的灯。父亲用“鱼鳞纸”扎成栩栩如生的纺织娘，美极了的重瓣荷花灯，小西瓜镂空而成的西瓜灯，等等，真是让孩子们欢喜不已，也惹得街坊邻居家的孩子，前来驻足观赏。

父亲就是这样用自己灵巧的手，变魔术般为孩子们变出了件件奇珍异宝，搭建了一个个奇异的、琳琅满目的世界。这样的父亲，怎能不深受孩子的喜爱呢?

父亲爱自己的孩子，也关心孩子的教育，但从不强求自己的孩子。对孩子学习取得好的成绩，父亲自然会表扬；对孩子学习生活中遇到的困难，父亲也会适时鼓励，而不是批评和指责。尤其是小孩子身上的天分和特长，父亲注意把它引导和发挥出来。汪曾祺的学绘画、习书法以及爱好民间戏曲，都是和父亲的引导和培养分不开的。

汪曾祺的父亲身上还有一种平等待人的可贵品质。即便是自己的小孩，父亲也能真心平等对待。这才真正难能可贵。“多年父子成兄弟”，这句话可不是父亲随便脱口而出的。在中国家庭中，尤其是以前的封建家庭中，父亲就是一家之长，往往给人的印象是不苟言笑、威严有余而可亲不足。一般小孩子眼中的父亲，也往往是十分严厉的。因而，小孩子对父亲只有敬畏，却无亲近之情，更不要说父子成兄弟了。汪曾祺的父亲却是真心要和自己的孩子交朋友的。小孩子遇到问题，父亲总能用商量的口吻，提出自己的建议来。他也可以花上半天工夫陪小孩子参加学习的演出，而且乐此不疲，丝毫没有勉强的意思。甚至，连抽烟、喝酒也要让自己的小孩，这在常人看来，简直不可思议。但是，汪曾祺的父亲居然也能这样去做，真是“多年父子成兄弟”，此言不虚矣!

作者笔下的父亲是一位随和的父亲，是一位充满了童心的父亲。在孩子眼里，他也是一位聪明的父亲。他心灵手巧，多才多艺，是孩子最好的启蒙老师。父亲教育小孩，总能够用商量的口吻提出自己的建议，而不是板起面孔，更不是居高临下来说教。可以说，父亲成了自己的真心朋友、好兄弟。这对汪曾祺后来的影响无疑很大。尤其是在如何对待自己的孩子上，汪曾祺也能平等对待自己的孩子。汪曾祺戏称这是“没大没小”。小孩子对自己的父亲也是“没大没小”。作者心目中理想家庭充满了浓浓的人情味。做父母的应该怎样对待自己的孩子？还是让我们再来听听汪曾祺是怎样说的：“儿女是属于他们自己的，他们的现在，和他们的未来，都应由他们自己来设计。一个想用自己理想的模式塑造自己的孩子的父亲是愚蠢的，另外作为一个父亲，应该尽量保持一点童心。”这的确如此。

《多年父子成兄弟》充分体现了汪曾祺作为京派代表作家在散文创作上的风格特点。他的散文表面上看起来平淡、闲散，但细细品味起来总是给人一种悠远绵长的韵味，也总能让人体会到一种人生的智慧和哲理。汪曾祺的散文从格调上也充满了一种浓郁的文人气质、唯美特质。的确，他的散文就像一枚橄榄，值得我们慢慢咀嚼，细细品味。

论 孩 子[①]

[黎巴嫩] 纪伯伦

导读

哈利勒·纪伯伦是具有世界影响力的黎巴嫩作家、诗人、画家，青年时期曾求学于法国，后来定居美国，是近代东方文学走向世界的先驱。作品甫一出版就引起了轰动，欧美评论家将它与泰戈尔的《吉檀迦利》并论，而茅盾、冰心的译介使之在中国现当代文学史上也产生了广泛深刻的影响。散文诗集《先知》《笑与泪》《沙与沫》等代表作语言优美清丽、凝练隽永、哲思灵动，饱含热切又温柔的人生哲学和社会理想，带给读者丰富的启迪洗礼。这首《论孩子》即选自《先知》，是诗人天启预言式语句和探求“爱”与“美”主题的独特风格的一个典型例子：在与先知的对话中，用巧妙的譬喻传达重在培养孩子的独立人格的父母之道。

作品

一位怀抱婴儿的妇女说：请给我们谈谈孩子吧。
穆斯塔法说：
你们的孩子并不是你们的，
而是“生命”对自身的渴望所生的儿女。
他们借你们来到世上，却并非来自你们。
他们虽与你们一起生活，却并不属于你们。

你们可把爱给予他们，却不能给予他们思想。
因为他们有他们的思想。
你们能够庇护他们的身体，却不能庇护他们的灵魂。
因为他们的灵魂居于明日的华屋，那是你们无法相见的，即使在梦中。
你们可以努力以求像他们，但不要试图让他们像你们。

---

① 选自《纪伯伦全集》（人民文学出版社，2000 年版），有改动。纪伯伦（1883—1931），出生于黎巴嫩北部山乡贝舍里，黎巴嫩诗人、作家、画家，阿拉伯现代小说、艺术和散文的主要奠基人。主要代表作有《先驱者》《先知》《沙与沫》等。

因为生命不能退步，它不可能滞留在昨天。
你们是弓，你们的孩子则是从你们的弓弦上射出的实箭。
射手看见竖立在无尽头路上的目标，
他会用自己的神力将你们的弓引满，以便让他的箭快速射至最远。
就让你们的弓在射手的手中甘愿曲弯；
因为他既爱那飞快的箭，也爱那静止的弓。

赏析

得益于近几年自媒体兴盛的背景氛围，纪伯伦这个名字有了非常广泛的传播，为无数普通人所熟知——很多育儿、教育、心理建设类公号多引用他这首《论孩子》。

诗歌很短，却几乎句句直击人心，充满哲理和智慧，堪称典型的脍炙人口的佳作。为人父母，读这首诗会让人在教育子女的观念和策略上更有通达的智慧；为人子女，读这首诗也能帮助人找到一个更广阔的维度重新审视自己和父母的关系，并思考生命的本质。

纪伯伦诗人与艺术家的双重身份，阿拉伯成长印记和求学法兰西、移民新大陆的人生经历，那种多元文化浸润的丰富滋养辉映了他的作品，也自然吸引了世上无数人们为之心醉神迷。在解读这首诗歌之前，我们可以先关注以下三个要素，对于我们理解作品有切实帮助。

一是关于身份。纪伯伦出生于黎巴嫩一个偏远的山村——贝舍里，这里自然风光纯净壮阔、生机绮丽，孕育了少年纪伯伦的诗性灵魂，给了他创作的心灵启迪和一生的精神抚慰。并且，贝舍里属于古叙利亚地区，这是早在3000年前就被誉为“迦南地区”[①] 的犹太教、基督教的发祥地。对个人而言，这里是他沉醉的神圣光辉的灵感福地，他曾在给爱人玛丽的信中倾诉道：“我的心在为叙利亚燃烧”[②]。对西方而言，这是一个令人充满神秘想象的东方圣土——纪伯伦的作品在欧美迅速传播也有这个因素的加持。

二是关于教育。纪伯伦一家移民到美国后（在他十二三岁时期），母亲卡米拉带着几个孩子艰难生存，但她温和宽容，对这个寡言不合群自闭于个人创作世界的儿子给予了充足的体贴、理解、包容和尊重，可以说是母亲呵护庇佑了天才少年的敏感诗才和艺术天赋。

三是关于作品。比较推荐的是散文诗集《先知》《泪与笑》《沙与沫》。作品大多以“爱”与“美”为主题，语言纯洁隽永，想象、象征、比喻等手法和睿智的定义句式，再加上“先知”的天启预言式，共同交织出了深沉的情感和高远的理想。读他的诗，莫名地让人如觉希望光明的唯美的国度在前方照耀着、引领着，抚慰了人心的浮

---

①② 吴丽敏．纪伯伦文学作品中的“先知”形象解析［D］．开封：河南大学，2014.

躁和不安，沉淀着温柔与信仰。

《先知》在上述方面尤其典型。它凝聚了纪伯伦最精华最成熟的普世思想精髓，他探索人与自然、人与上帝、人与社会的成长共生关系，对世人进行温柔冷静的规劝，循循善诱传达了人类对自由的深切渴望与无限追求。独特的散文诗诗歌技巧也出神入化、炉火纯青，东方色彩、浓浓哲思，神圣庄严、恢宏壮丽又婉转幽微、简洁纯净，文字间流淌着音乐的轻柔与昂扬和谐，令人一读欲罢不能，甚为感动。在这部作品中，纪伯伦创造了一个睿智仁爱的东方哲人形象——先知穆斯塔法。他滞留西方阿法利斯城十二载，终于盼到回归自己故土的日子，登舟之际他向依依惜别的城民们做了挚爱恳切、情深意长的临别赠言，并回答了他们提出的有关爱与憎、生与死、哀与乐、美与丑、情与理、罪与罚等问题，穆斯塔法用他的智慧引导人们领悟生死、爱恋、教育、幸福……《先知》一问世，就引起西方的一片轰动，被当成“东方赠予西方的最美好的礼物”①。它格调高雅，意境深邃，哲思温馨，长久又宽广地给人们爱与美的陶冶。

《论孩子》即选自《先知》集。这首诗以妇女请教穆斯塔法的对话引出关于父母之道的真知灼见：教育重在培养独立人格，亲子关键是爱与尊重。这种观念对于总喜欢干预甚至包办子女的一切重大人生选择的中国父母尤其具有神启的晓谕伟力：

先是颇具颠覆意味的定义，“你们的孩子并不是你们的”，卸除种种类似“你是我生的，你就得听我的，我的孩子我想怎么管教是我的事，轮不到别人来指点，我辛苦一辈子都是为了你，你按我的安排去做才是孝顺，我曾经的梦想被家庭耽搁了，我希望培养孩子为我圆梦……”的思想痼疾，釜底抽薪，当头棒喝：孩子不是你的附属品，不是你的策略武器，更不是你为所欲为的私有财产。你的习惯控制的双手、你的执念绑架的野心，请立刻收回。

然后，穆斯塔法从人们熟悉的心理场景入手，娓娓道来：孩子的本质，不正是出于生命本身的渴求吗？——它源于爱、独立、平等、自由和成长，它借由父母而来，每一个稚嫩的探索世界的脚印，都昭告了独立生命个体的尊贵，父母只能以爱和理解去呵护庇佑，却绝不能捆绑，“因为生命不能退步，它不可能滞留在昨天”。他们的灵魂形成于新的光阴，他们逐梦的未来更加明亮广阔，远非我们当下的局限所能领会。父母之于孩子，就该扮演一张坚实稳重的、引满力的蕴藉的弓，给予后盾的安全感和鼓励前行的笃定意志。而孩子——那支蓬勃着青春毅力的“箭”，借助父母生命的历练和无尽梦想的张力，蓄势待发、一飞冲天。

这样开明通透的思想观念，读来如醍醐灌顶，放在上百年后的今日来看，仍是句句真知灼见、见地非凡、回味无穷。

① 李唯中. 先知：散文诗［M］. 北京：九州出版社，2014.

鸣机夜课图记①

[清] 蒋士铨

导读

蒋士铨是清代著名诗人，乾隆二十二年（1757）进士，官翰林院编修，与袁枚、赵翼并称“乾隆三大家”。他写诗戒蹈袭，重性情，“性灵独到删常语，比兴兼存见国风”，涉及题材比较广泛，现存2 500余首。蒋士铨也写词和散文，同时他还是位重要的戏曲作家，他写成杂剧、传奇戏曲16种，辑有《忠雅堂集》43卷。蒋士铨年幼时，其父官游在外，全赖母亲教养。母亲一边纺纱织布，一边教他读书。蒋士铨长大成人，感念母亲辛劳，请南昌老画师为其母画像，画的是一个朗朗秋夜的庭院里，母亲和妻子在纺织，蒋士铨在檐下秉烛读书，还有小孩和童仆在一旁玩闹——题为“鸣机夜课图”，蒋士铨也就写作了这篇散文《鸣机夜课图记》记录了作图原因及过程。作者娓娓道来，叙事简洁流畅，抒情纯朴真挚，细节描绘出色，母亲对他谆谆教诲的情景如在眼前。

作品

吾母姓钟氏，名令嘉，字守箴，出南昌名族，行九。幼与诸兄从先外祖滋生公读书。十八，归先府君。时府君年四十余，任侠好客，乐施与，散数千金，囊箧萧然，宾从辄满座。吾母脱簪珥，治酒浆，盘罍间未尝有俭色。越二载，生铨，家益落，历困苦穷乏，人所不能堪者，吾母怡然无愁蹙状，戚党人争贤之。府君由是计复游燕、赵间，而归吾母及铨，寄食外祖家。

铨四龄，母日授“四子书”数句；苦儿幼不能执笔，乃镂竹枝为丝，断之，诘屈作波磔点画，合而成字，抱铨坐膝上教之。既识，即拆去。日训十字，明日，令铨持竹丝合所识字，无误乃已。至六龄，始令执笔学书。先外祖家素不润，历年饥大凶，益窘乏。时，铨及小奴衣服冠履，皆出于母。母工纂绣组织，凡所为女工，令小奴携于市，人辄争购之；以是铨及小奴无褴褛状。

先外祖长身白髯，喜饮酒。酒酣，辄大声吟所作诗，令吾母指其疵。母每指一字，

---

① 选自《忠雅堂集校笺》（上海古籍出版社，2012年版），有改动。蒋士铨（1725—1784），字心馀、苕生，号藏园，又号清容居士，晚号定甫，清代诗人、戏曲家。主要代表作《忠雅堂集》《铜弦词》等。

先外祖则满引一觥；数指之后，乃陶然捋须大笑，举觞自呼曰："不意阿丈乃有此女！"既而摩铨顶曰："好儿子，尔他日何以报尔母？"铨稚，不能答，投母怀，泪涔涔下，母亦抱儿而悲；檐风几烛，若愀然助人以哀者。

记母教铨时，组绣纺绩之具，毕陈左右；膝置书，令铨坐膝下读之。母手任操作，口授句读，咿唔之声，轧轧相间。儿怠，则少加夏楚，旋复持儿而泣曰："儿及此不学，我何以见汝父！"至夜分寒甚，母坐于床，拥被覆双足，解衣以胸温儿背，共铨朗诵之；读倦，睡母怀，俄而母摇铨曰："可以醒矣！"铨张目视母面，泪方纵横落，铨亦泣。少间，复令读；鸡鸣，卧焉。诸姨尝谓母曰："妹一儿也，何苦乃尔！"对曰："子众，可矣；儿一，不肖，妹何托焉！"

庚戌，外祖母病且笃，母侍之，凡汤药饮食，必亲尝之而后进，历四十昼夜，无倦容。外祖母濒危，泣曰："女本弱，今劳瘁过诸兄，惫矣。他日婿归，为言：'我死无恨，恨不见女子成立'。其善诱之。"语讫而卒。母哀毁骨立，水浆不入口者七日。闾党姻亚，一时咸以"孝女"称，至今弗衰也。

铨九龄，母授以《礼记》《周易》《毛诗》，皆成诵。暇更录唐宋人诗，教之为吟哦声。母与铨皆弱而多病，铨每病，母即抱铨行一室中，未尝寝；少痊，辄指壁间诗歌，教儿低吟之以为戏。母有病，铨则坐枕侧不去。母视铨，辄无言而悲，铨亦凄楚依恋之。尝问曰："母有忧乎？"曰："然。"然则何以解忧？曰："儿能背诵所读书，斯解也。"铨诵声琅琅然，争药鼎沸，母微笑曰："病少差矣。"由是，母有病，铨即持书诵于侧，而病辄能愈。

十岁，父归。越一载，复携母及铨，偕游燕、赵、秦、魏、齐、梁、吴、楚间。先府君苟有过，母必正色婉言规。或怒不听，则屏息，俟怒少解，复力争之，听而后止。先府君每决大狱，母辄携儿立席前，曰："幸以此儿为念。"府君数颔之。先府君在客邸，督铨学甚急，稍怠即怒，而数日不及一言：吾母垂涕扑之，令跪读至熟乃，未尝倦也。铨故不能荒于嬉，而母教由是益以严。

又十载，归。卜居于鄱阳。铨年且二十。明年，娶妇张氏。母，女视之，训以纺绩织纴事，一如教儿时。

铨生二十有二年，未尝去母前。以应童子试，归铅山，母略无离别可怜之色，旋补弟子员。明年丁卯，食廪饩；秋，荐于乡。归拜母，母色喜。依膝下廿日，遂北行。每念儿，辄有诗；未一寄也。明年落第，九月归。十二月，先府君即世，母哭而濒死者十余次，自为文祭之，凡百余言，朴婉沉痛，闻者无亲疏老幼，皆呜咽失声。时，行年四十有三也。己巳，有南昌老画师游鄱阳，八十余，白发垂耳，能图人状貌。铨延之为母写小像，因以位置景物请于母，且问："母何以行乐？当图之以为娱。"母愀然曰："呜呼！自为蒋氏妇，尝以不及奉舅姑盘匜为恨；而处忧患哀恸间数十年，凡哭母、哭父，哭儿、哭女夭折，今且哭夫矣。未亡人欠一死耳，何乐为！"铨跪曰："虽然，母志有乐、得未致者，请寄斯图也，可乎？"母曰："苟吾儿及新妇能习于勤，不亦可乎？鸣机课夜，老妇之愿足矣，乐何有焉！"

铨于是退而语画士。乃图秋夜之景：虚堂四敞，一灯荧荧；高梧萧疏，影落檐际；堂中列一机，画吾母坐而织之，妇执纺车坐母侧；檐底横列一几，剪烛自照，凭画栏而读者，则铨也。阶下假山一，砌花盘兰，婀娜相倚，动摇于微风凉月中。其童子蹲树根，捕促织为戏，及垂短发、持羽扇、煮茶石上者，则奴子阿同、小婢阿昭也。图成，母视之而欢。铨谨按吾母生平勤劳，为之略，以请求诸大人先生之立言而与人为善者。

赏析

这篇缘起画师绘制作者与母亲、妻仆生活画像的记事散文，依时间线叙述了母亲教导他开蒙苦读、伴其成长的经历，语言简洁、刻画生动，母亲望子成龙的良苦用心、舐犊之情的殷殷切切跃然纸上，令人感动。

鸣机夜课、共叙亲伦的温馨静美画面之外，作者母亲——钟令嘉这位女性凄恻的剪影格外令人动容：寂落庭院里萧寒秋风卷起阶前黄叶，也吹拂着少妇朴素的裙裾，伴随着烛影摇曳，她轻声教小儿读书，语气温和却透着严苛，神情坚定又难掩哀伤。或许，有一个词可以囊括其生命的本质——少女的枷锁。

是的，她出阁前是备受珍宠的九儿，“幼与诸兄从先外祖滋生公读书”，多难得呀，小幺女儿跟着父兄识字诵读，享有封建时代不多见的家庭教育公平，积累了扎实的学识功底、浸养了开阔平和的思想心境，加上资质聪颖又勤奋，多得父亲信任欣赏，“酒酣，辄大声吟所作诗，令吾母指其疵……数指之后，乃陶然捋须大笑，举觞自呼”，看看，钟父写的诗是专门请小女儿大胆挑刺的，刺得准他还高兴地捻须浮一大白，宠溺地叨叨：“哟哟，我怎么有这么个厉害的小女儿呀！”——这种主动找“虐”还乐此不疲的姿态可不是跟我们现在熟悉的“女儿奴”形象很相似吗？

在这种开明、富爱、擅教家庭氛围长大的女儿，按理说应该是一生安荣自足、容易快乐、有豁朗少女心去抵抗岁月风霜的。但是，显然，钟令嘉走向了另一面的人生——作茧自缚、焦虑凄惶、心理年龄早于人生老去。她等于是给自己戴上了一副枷锁，一戴就是一辈子。

分水岭就在出嫁：

“十八，归先府君”，18 岁的大好年华嫁入了蒋家，夫君已经 40 多岁，但夫君并没有如原生家庭那样继续给她保护和滋养，反而一步步将她拖入困境。首先，夫君爱交游轻财货，“囊箧萧然，宾从辄满座”，家底散尽不说，还经常乌泱泱家里搞一堆人吃饭喝酒侃大山，小娇妻要张罗伺候，要典卖嫁妆补窟窿，还要一脸从容撑排场。然后，他还爱当甩手掌柜，蒋士铨出生后，“家益落，历困苦穷乏”，家败完了，他挥一挥衣袖只身去河北山西游宦，妻小丢还给老丈人家去操心照顾，这一走就近十年。

十年啊，从 20 岁娇俏得体的新妇、新手母亲，到 30 岁历经辛劳孤苦的中年妇女，这漫长光阴是多么消磨生命的青春色彩啊。蓦然回首，钟令嘉自打嫁过来后就悄然隐去了年轻女子饱满的精气神与喜乐心，她处处周全识大体而忽视、压抑自我的感受需求，她极尽严苛地担起望子成龙的重责——日日夜夜课读为重，她紧张兮兮、患得患失、愁云密布经常抱着孩子哭，她病中都无法放松一下身心，时刻以孩子学业为念，公婆早逝不得伺候这种客观事实她都会归纳为自己不可弥补的错憾，她甚至忘记了人生在世可有什么愉悦的事……那副枷锁套上去了，18 岁的她一夜之间就变老了。

笔者从一个母亲的直觉出发，私以为蒋士铨是一个身材瘦小的人，毕竟，小时候睡不安稳、常常心有挂虑的孩子，是很难长得舒展茁壮的。所以在对蒋母削竹篾摆笔画教幼子识字的智慧大加赞赏和对蒋母寒夜怀抱幼子课读的坚韧大为钦佩的同时，我们可能更多感到关切的心疼，如果时光能穿梭，我愿意为她送上王守仁的教育良言，给她一个温暖的拥抱，与之共勉："大抵童子之情，乐嬉游而惮拘检，如草木之始萌芽，舒畅之则条达，摧挠之则衰萎。今教童子，必使其趋向鼓舞；心中喜悦，则其进自不能已。"

推荐书目

1.《我们仨》

作者：杨绛

内容简介：《我们仨》是杨绛所著散文集，于 2003 年 7 月首度出版。作品讲述了一个单纯温馨的家庭几十年平淡无奇、相守相助、相聚相失的经历。作者杨绛以简洁而沉重的语言，回忆了先后离她而去的女儿钱瑗、丈夫钱锺书，以及一家三口那些快乐而艰难、爱与痛的日子。

推荐理由：

在学界，甚至整个中国文坛，能被称为先生的女人并不多，杨绛就是其中之一，如果要找词语来形容杨绛先生，那德高望重、兰心蕙质应该是最适合的。这本《我们仨》，正是杨绛先生在 92 岁高龄时写下的家庭生活回忆录，也是她在痛失丈夫、爱女之后，首次把一个学者家庭 63 年的点点滴滴呈现给这个世界的一本真挚感人的文集。

《我们仨》共分为三部分。第一部分为杨绛先生老年时的一个梦境，以"锺书大概是记着'我'的埋怨，叫'我'做了一个长达万里的梦"拉开全文序幕。第二部分，杨绛用梦境的形式完整地记录了这一"万里长梦"，讲述了一家三口在人生最后阶段相依为命的深刻情感，回忆了女儿钱瑗、丈夫钱锺书先后离去的过程。第三部分杨绛采用回忆录的写法，从生活中的每一件小事下笔，记录了自 1935 年伉俪二人赴英国留学，并在牛津喜得爱女，直至 1998 年女儿与钱先生相继逝世，这个家庭鲜为人知的坎坷历程。

好的散文，不在于语言如何华丽奇谲，也不在于情节如何跌宕起伏，好的散文最关键的要素是不让读者感到生疏隔膜，有效引起读者共鸣。读这本文集，我多次泪目，并总有一些幻觉，有时好像是在某个日暮时分，陪着杨绛先生在古驿道和客栈上蹒跚来回，有时又好像是在某个冬日，与杨绛先生面对面坐着，在她的三里河寓所听她叙说她一家人的家常。

人生是一个过程，由简到繁，又必定返璞归真，由繁到简。所有经历，无论偶然必然，都会存留在记忆中。通过《我们仨》，我们得以了解这个学者家庭的足迹，了解他们跨过半个地球、穿越半个世纪所经历的战火、疾病、政治风暴、生离死别……关于这一切，关于其中的风风雨雨，杨绛先生以似梦非梦的笔触，让一个家庭所经历的苦难和幸福变得风轻云淡。在此，我无法找到合适的字眼为她的睿智、她对人生的豁达态度做任何描写，我只期望，作为读者的你我，能够真切走进她凝重感人的文字，去体会生命所要承受的轻与重。

2.《不能承受的生命之轻》

作者：［捷克］米兰·昆德拉

内容简介：《不能承受的生命之轻》是捷克作家米兰·昆德拉一系列作品当中最为出名的一部，它讲述了一位外科医生托马斯与特丽莎、萨丽娜之间的三角爱情故事。人的存在，每个人对生命轻重的追求不同，方式也不同。与其说这只是一部爱情小说，不如说这本书实际上是一部思考关于人的生命价值的哲学书，它从情感责任的角度切入，让我们开始重新思考生命的重量问题。

推荐理由：米兰·昆德拉的《不能承受的生命之轻》是一本值得在人生各个阶段都拿出来反复阅读的作品，因为在不同的人生阶段它都能让人在面对生命、面对自我、面对生活时，多一份敬畏，多一份诚恳，多一份责任。小说的故事叙事线实际上是一个三角爱情故事，在情感的纠葛当中，主人公们面临着许多的思考和抉择，最后的故事在一场车祸当中戛然而止。但这些都只是表象，若是加以翻阅，不难发现其实昆德拉想告诉世人的不是爱情，而是关于生命的重量问题。这一问题也是中学时代我们可以思考的第一个关于自我价值与生命重量的问题，也是一个关于自我与时代关系的哲学问题。

故事不是圆满的结局，甚至浅读之后我们会对书中小人物的命运结局产生悲凉感慨。但其实人生没有什么完美无缺、皆大欢喜的设定，《不能承受的生命之轻》中的特丽莎其实在他们的特定时代面前，在不圆满的结局中获得了自己追寻的生命价值，拥有了她自己的生命重量。

小说的结局是托马斯和特丽莎二人死于一场车祸，那为何特丽莎依然会被认为是个幸运之人？读这个故事时，我们可以从一个女性独立个体的角度来审视它。故事的开端特丽莎是一个特别的女子，她打破了托马斯的爱情规则，成为他心目中特殊的存在。但是，故事中的托马斯与现实中许多人一样，不愿意承受生命当中的重量——责任，追求生命的轻盈感，因此他在灵肉分离的道路上并没有因为特丽莎便得到改变。因此，特丽莎上演了新式的“娜拉出走”，选择了离开。故事至此，仍无新意。之后时代与命运让托马斯选择了重新寻找特丽莎，并一直未分离，主动去承受时代生命给予他们的重量，直至死亡的到来。

在昆德拉的笔下，大时代中的折磨与爱恋，特丽莎和托马斯得到了真正的归宿，学会了承受生命的重量。我们扬言自己生活在一个最好的时代，但是时代之于每个人的感受都是有区别的，故事里头的时代虽比不上我们如今的美好，但它对故事人物命运而言其实也非最坏的时代。而在如今最好的时代里头，我们应当依然如初次读昆德拉小说一样，远离那些仅仅追求生命轻盈感的人，若像他们一样不愿意接纳生命的重量，选择躲避和逃离，虽不至蝇营狗苟，但可能终其一生却尽是悔恨和埋怨，那作为人类个体，我们存在的价值在哪里？

拓展链接

1. 肖复兴《母亲》
2. 肖复兴《窗前的母亲》
3. 张晓风《母亲的羽衣》
4. 倪萍《最长的三里路》
5. 史铁生《合欢树》
6. 《触龙说赵太后》
7. 袁枚《祭妹文》
8. 韩愈《祭十二郎文》
9. 舒婷《致橡树》
10. 曹雪芹《宝黛初会》
11. 汪曾祺《多年父子成兄弟》
12. 张曼娟《要不要叫醒她》
13. 凛滢《永恒的羽翼》
14. 龙应台《给河马刷牙》
15. 莫怀戚《散步》
16. 纪伯伦《你的孩子》
17. 老舍《我的母亲》
18. 沃尔夫冈·博歇尔特《面包》（小说）
19. 保尔·琼斯《提琴》（小说）
20. 汪曾祺《侯银匠》（小说）
21. 张晓风《母亲的羽衣》
22. 刘若英《易副官》
23. 梁启超《“致孩子们”信札》

心灵圣地

在我们的心灵深处，总会心心念念向往着某一个“去处”：它不必是西藏的冈底斯山，也不必是沙特阿拉伯的麦加或罗马的梵蒂冈，它可能是张若虚笔下的月夜春江，它也可能是毕淑敏为自己修建的“三间小屋”，王小波向往的“精神家园”，甚至它可能是茨威格到访过的列夫·托尔斯泰的墓……从外在到内心，从实体到虚幻，皆有可能。因为有它在，不仅可以涤净我们的心灵，提升我们的精神境界，甚至它最终可能会成为我们灵魂的安放之所。它的出现或者到来，或是缘于一次偶遇，或是久而久之，这个“去处”就成为我们的“心灵圣地”。

世间最美的坟墓——记 1928 年的一次俄国旅行[①]

［奥地利］茨威格

导读

被誉为“灵魂的猎者”的奥地利文学家斯蒂芬·茨威格（Stefan Zweig，1881—1942）享有世界声誉，而在另一位更加伟大的俄国作家列夫·托尔斯泰的墓前，他肃然起敬，一改以往丰赡华彩的笔法，以最简约、朴素到几乎无言的文字致敬这座最朴素然而却是“世间最美的、给人印象最深刻的、最感人的坟墓”。在此，茨威格献上的是从其心灵深处长出的一朵小花，蕴藏着具有震撼人心的情感与力量。这篇短文，从正标题到副标题以及短短的正文，都给读者留下值得反复揣摩的无穷韵味。

---

① 选自《向情人坦白》（安徽文艺出版社，1998 年版），有改动。茨威格（1881—1942），出生于奥地利维也纳，奥地利小说家、诗人、剧作家、传记作家。主要代表作有《象棋的故事》《一个陌生女人的来信》等。

作品

我在俄国所见到的景物再没有比托尔斯泰墓更宏伟、更感人的了。这将被后代永远怀着敬畏之情朝拜的尊严圣地，远离尘嚣，孤零零地躺在林荫里。顺着一条羊肠小路信步走去，穿过林间空地和灌木丛，便到了墓冢前；这只是一个长方形的土堆而已，无人守护，无人管理，只有几株大树荫庇。他的外孙女跟我讲，这些高大挺拔、在初秋的风中微微摇动的树木是托尔斯泰亲手栽种的。小的时候，他的哥哥尼古莱和他在他们听保姆或村妇讲过一个古老传说，提到亲手种树的地方会变成幸福的所在。于是他们俩就在自己庄园的某块地上栽了几株树苗，这个儿童游戏不久也就忘了。托尔斯泰晚年才想起这桩儿时往事和关于幸福的奇妙许诺，饱经忧患的老人突然从中获得了一个新的、更美好的启示。他当即表示愿意将来埋骨于那些亲手栽种的树木之下。

后来就这样办了，完全按照托尔斯泰的愿望；他的墓成了世间最美的、给人印象最深刻的、最感人的坟墓。它只是树林中的一个小小长方形土丘，上面开满鲜花——nulla crux，nulla coroma——没有十字架，没有墓碑，没有墓志铭，连托尔斯泰这个名字也没有。这个比谁都感到受自己的声名所累的伟人，就像偶尔被发现的流浪汉、不为人知的士兵那样不留名姓地被人埋葬了。谁都可以踏进他最后的安息地，围在四周的稀疏的木栅栏是不关闭的——保护列夫·托尔斯泰得以安息的没有任何别的东西，唯有人们的敬意；而通常，人们却总是怀着好奇，去破坏伟人墓地的宁静。这里，逼人的朴素禁锢住任何一种观赏的闲情，并且不容许你大声说话。风儿在俯临这座无名者之墓的树木之间飒飒响着，和暖的阳光在坟头嬉戏；冬天，白雪温柔地覆盖这片幽暗的土地。无论你在夏天还是冬天经过这儿，你都想象不到，这个小小的、隆起的长方形包容着当代最伟大的人物当中的一个。然而，恰恰是不留姓名，比所有挖空心思置办的大理石和奢华装饰更扣人心弦：在今天这个特殊的日子里，成百上千到他的安息地来的人中间没有一个有勇气，哪怕仅仅从这幽暗的土丘上摘下一朵花留作纪念。人们重新感到，这个世界上再也没有比这最后留下的、纪念碑式的朴素更打动人心的了。残废者大教堂大理石穹隆底下拿破仑的墓穴，魏玛公侯之墓中歌德的灵寝，西敏司寺里莎士比亚的石棺，看上去都不像树林中的这个只有风儿低吟，甚至全无人声，庄严肃穆，感人至深的无名墓冢那样能剧烈震撼每一个人内心深藏着的感情。

赏析

这是茨威格参观列夫·托尔斯泰墓之后所写的一篇散文。

斯蒂芬·茨威格“以德语创作赢得了不让于英、法语作品的广泛声誉”，他善于运用各种体裁，写过诗、小说、戏剧、文论、传记，还从事过文学翻译，但他的作品中以传记和小说最为著称，传记代表作《三位大师》《同精灵的斗争》《三个描摹自己生活的诗人》等。列夫·尼古拉耶维奇·托尔斯泰（1828—1910），19 世纪中期俄国批判现实主义作家、思想家、哲学家，代表作有《战争与和平》《安娜·卡列尼娜》《复活》等。

1928年是列夫·托尔斯泰诞辰一百周年。这年春天，茨威格撰写的《托尔斯泰传》出版。同年9月，他应苏联作家协会的邀请，随同奥地利作家代表团赴俄参加纪念活动。在为期14天的俄国之行中，茨威格参观了很多地方，也与许多人有过接触和交流，包括参观托尔斯泰墓。

这一篇不足千字的短文，却有着丰富的韵味，这个“味”来自文章内外所构成的几组对比或者说反差。

首先，托尔斯泰生前的荣耀与其身后的坟墓之朴素形成的反差。

列夫·托尔斯泰出生于俄国一个贵族家庭，有着与生俱来的尊荣，然而，他却最终在文学创作上展现了他的天才，生前就成为名动俄罗斯、欧洲乃至全世界的文豪。甚至当时的俄国人曾这样说过：“我们有两个皇帝，一个是尼古拉，一个是列夫·托尔斯泰。他们两个中间谁更有力呢？尼古拉二世拿托尔斯泰毫无办法，不能动摇他的宝座一下，而托尔斯泰，毫无疑问，却正在动摇尼古拉的宝座和他的皇朝。”而就是这个享誉世界、极尽尊荣的托尔斯泰却在身后让自己的遗体安放在这样一座坟墓中：“远离尘嚣，孤零零地躺在林荫里”，“这只是一个长方形的土堆而已，无人守护，无人管理，只有几株大树荫庇。”“没有十字架，没有墓碑，没有墓志铭，连托尔斯泰这个名字也没有。这个比谁都感到受自己的声名所累的伟人，就像偶尔被发现的流浪汉、不为人知的士兵那样不留名姓地被人埋葬了。”坟墓的极端朴素反而更彰显出了托尔斯泰灵魂之伟大。

然而，就是这样一座素朴的坟墓却成为茨威格的心灵圣地，文章劈头就是这么一句：“我在俄国所见到的景物再没有比托尔斯泰墓更宏伟、更感人的了。”判断极为主观化，甚至主观到非常武断之程度。文章的副标题是“记1928年的一次俄国旅行”，看似有点多余，因为从行文内容来看，即使没有这个副标题，也并不影响读者对正文内容的理解，但茨威格在此特地加上这个原本应该内涵丰富的副标题，而在行文中抛掉了十四天俄国之行的全部，只是将其落在这一座坟墓上，由此形成了客观与主观之间的反差。事实上，这座坟墓确实无法当得起“宏伟”，茨威格本人也非常清楚这一点，否则他也不会说这座坟墓“远离尘嚣，孤零零地躺在林荫里。顺着一条羊肠小路信步走去，穿过林间空地和灌木丛，便到了墓冢前；这只是一个长方形的土堆而已，无人守护，无人管理，只有几株大树荫庇”，“它只是树林中的一个小小长方形土丘，上面开满鲜花——nulla crux，nulla coroma——没有十字架，没有墓碑，没有墓志铭，连托尔斯泰这个名字也没有。”注意这些词：孤零零、只是、小小、土丘，无……，无……只有……这就是现实中的托尔斯泰墓的实际状况，但“这个世界上再也没有比这最后留下的、纪念碑式的朴素更打动人心的了。残废者大教堂大理石穹隆底下拿破仑的墓穴，魏玛公侯之墓中歌德的灵寝，西敏司寺里莎士比亚的石棺，看上去都不像树林中的这个只有风儿低吟，甚至全无人声，庄严肃穆，感人至深的无名墓冢那样能剧烈震撼每一个人内心深藏着的感情。”

其次，茨威格行文一贯的风格与本文风格形成的反差。

被法国作家罗曼·罗兰誉为“灵魂的猎者”的茨威格，其多部传记作品以丰赡华彩及深邃的文风见长，但对着托尔斯泰的坟墓所作的这篇文章，他一改一贯文风，而以极尽简约之语言、朴素之结构完成这篇不足千字之短文，而篇幅之短小与文风之朴素不仅恰与托尔斯泰墓之朴素相映衬，而且起到了一种极其有力度和有韵味的美学效果。有一种美学境界叫作“大象无形”“大音希声”，言已尽而情无限，我们分明感觉到茨威格内心所潜藏着的巨大的情感力量，或许这就是所谓的“厚积薄发”吧。茨威格确实是真正懂得托尔斯泰的，他并不希求于洋洋洒洒的鸿篇巨制以表达他对托尔斯泰精神的景仰之情，而同样是用简约朴素的文风向这位伟人致敬。或许，这正可以视作两位世界级的文学家在这样一个特殊的场合，以这样一种独特的方式进行的一次隔着时空的心灵上的对话吧！

我的精神家园[①]

王小波

导读

王小波在杂文集《我的精神家园》的“序”里面提到，“我对自己的要求很低：我活在世上，无非想要明白些道理，遇见些有趣的事”。客观地讲，一个人能够明白些道理，明辨是非，认识到什么是人生最为有趣的事，并不是能轻易做到的，他需要有一颗智慧的头脑、有趣的灵魂。然而世俗生活摧毁了很多人的有趣灵魂，使他们变得俗气而乏味，生活没有乐趣。精神上的匮乏和情感上的空虚是我们这个时代很多人的写照。王小波说“我要试着创造出一点美”，这是他的文学的全部目的，由此看来，他的《我的精神家园》其实就是对人的灵魂之美的呼唤和赞美。文章中，作者写自己童年时不顾挨打偷看爸爸书柜里的世界名著，体现了作者对于丰富的人类精神财富的渴望。他更希望能够回到童年，用一片童心来思考人生的问题，王小波想要告诉我们的是度过美好的一生，也许并没有我们想象得这么难。篱笆上“紫色的牵牛花”、每个花蕊上的“一只蓝蜻蜓”，世间一切关于美好事物、精神家园的幻想与寻求，其实皆与童心、童趣、童真的记忆相关联。

作品

我十三岁时，常到我爸爸的书柜里偷书看。那时候政治气氛紧张，他把所有不宜摆在外面的书都锁了起来，在那个柜子里，有奥维德的《变形记》，朱生豪译的莎翁戏剧，甚至还有《十日谈》。柜子是锁着的，但我哥哥有捅开它的方法。他还有说服我去火中取栗的办法：你小，身体也单薄，我看爸爸不好意思揍你。但实际上，在揍我这个问题上，我爸爸显得不够绅士派，我的手脚也不太灵活，总给他这种机会。总而言之，偷出书来两人看，挨揍则是我一人挨，就这样看了一些书。虽然很吃亏，但我也不后悔。

看过了《变形记》，我对古希腊着了迷。我哥哥还告诉我说：古希腊有一种哲人，穿着宽松的袍子走来走去。有一天，有一位哲人去看朋友，见他不在，就要过一块涂蜡的木板，在上面随意挥洒，画了一条曲线，交给朋友的家人，自己回家去了。那位

---

① 选自《王小波全集》（第二卷）（重庆出版社，2009年版），有改动。王小波（1952—1997），中国当代学者、作家。主要代表作有《地久天长》《黄金时代》《未来世界》等。

朋友回家，看到那块木板，为曲线的优美所折服，连忙埋伏在哲人家左近，待他出门时闯进去，要过一块木板，精心画上一条曲线……当然，这故事余下的部分就很容易猜了：哲人回了家，看到朋友留下的木板，又取一块蜡板，把自己的全部心胸画在一条曲线里，送给朋友去看，使他真正折服。现在我想，这个故事是我哥哥编的。但当时我还认真地想了一阵，终于傻呵呵地说道：这多好啊。时隔三十年回想起来，我并不羞愧。井底之蛙也拥有一片天空，十三岁的孩子也可以有一片精神家园。此外，人有兄长是好的。虽然我对国家的计划生育政策也无异议。

长大以后，我才知道科学和艺术是怎样的事业。我哥哥后来是已故逻辑大师沈有鼎先生的弟子，我则学了理科；还在一起讲过真伪之分的心得、对热力学的体会；但这已是我二十多岁时的事。再大一些，我到国外去旅行，在剑桥看到过使牛顿体会到万有引力的苹果树，拜伦拐着腿跳下去游水的“拜伦塘”，但我总在回想幼时遥望人类智慧星空时的情景。千万丈的大厦总要有片奠基石，最初的爱好无可替代。所有的智者、诗人，也许都体验过儿童对着星光感悟的一瞬。我总觉得，这种爱好对一个人来说，就如性爱一样，是不可少的。

我时常回到童年，用一片童心来思考问题，很多烦难的问题就变得易解。人活着当然要做一番事业，而且是人文的事业；就如有一条路要走，假如是有位老学究式的人物，手执教鞭戒尺打着你走，那就不是走一条路，而是背一本宗谱。我听说苏联就是这么教小孩子的：要背全本的普希金、半本莱蒙托夫，还要记住俄罗斯是大象的故乡（肖斯塔科维奇在回忆录里说了很多）。我们这里是怎样教孩子的，我就不说了，以免得罪师长。我很怀疑会背宗谱就算有了精神家园，但我也不想说服谁。安徒生写过《光荣的荆棘路》，他说人文的事业就是一片着火的荆棘，智者仁人就在火里走着。当然，他是把尘世的嚣嚣都考虑在内了，我觉得用不着想那么多。用宁静的童心来看，这条路是这样的：这在两条竹篱之中。篱笆上开满了紫色的牵牛花，在每个花蕊上，都落了一只蓝蜻蜓。这样说固然有煽情之嫌，但想要说服安徒生，就要用这样的语言。维特根斯坦临终时说：告诉他们，我度过了美好的一生。这句话给人的感觉就是：他从牵牛花丛中走过来了。虽然我对他的事业一窍不通，但我觉得他和我是一头儿的。

我不大能领会下列说法的深奥之处：要重建精神家园、恢复人文精神，就要灭掉一切俗人——其中首先要灭的，就是风头正健的俗人。假如说，读者兜里的钱是有数的，买了别人的书，就没钱来买我的书，所以要灭掉别人，这个我倒能理解，但上述说法不见得有如此之深奥。假如真有这么深奥，我也不赞成——我们应该像商人一样，严守诚实原则，反对不正当的竞争。让我的想法和作品成为嚣嚣尘世上的正宗，这个念头我没有，也不敢有。既然如此，就必须解释我写文章（包括这篇文章）的动机。坦白地说，我也解释不大清楚，只能说：假如我今天死掉，恐怕就不能像维特根斯坦一样说道：我度过了美好的一生；也不能像司汤达一样说：活过，爱过，写过。我很怕落到什么都说不出的结果，所以正在努力工作。

赏析

王小波的写作，一定程度上讲是知识分子写作，清醒的批判意识、强烈的社会责任感以及弥漫的自由、科学精神，始终是他的写作中回荡的主旋律。从这个意义上讲，王小波的写作是一种象征行为，象征着人文知识分子对整个20世纪90年代世俗化、市场化迷恋的抵制，体现出知识分子的现实关怀和对人文精神缺失的忧虑。我们今天已然面对这样的现实，商业化、市场逻辑的大行其道。可以说，世俗性、功利化的社会氛围正在一点一点地剥离我们对世界本质的任何有趣的思考，侵蚀着人们对生活的一切美好的幻想。王小波认为人生“呆板无趣就是不幸福”，而文学艺术的真谛就在于昭示人们对幸福的寻求，文学艺术何以有这样的能力去启示人们探寻幸福的真谛？原因在于文学艺术是人的精神家园，里面守护着一颗纯然有趣的童心与童真，它打开了人的心灵，让人始终保持着与大地、自然的沟通能力，怀着探索的热情接纳着一切关于这个世界的好奇。正是基于此，作者小时候冒着挨打的风险，也要偷看爸爸书柜里的书，即便是挨打了也不后悔。在他看来，《变形记》、《十日谈》、莎翁戏剧这些书，让童年的心灵得到自由的生长，在特殊的年代里构建了一份属于自己的精神天空。这个天空是自由而舒展的，尽管它是虚构的，但却是自由匮乏的年代里最为温暖的世界，这也是作者童年世界里保存的最为美好的一片精神家园。

科学和艺术事业都需要一个人保持着一颗未泯的童心，仔细地聆听和观察这个世界所发出的一切声音、一切现象。人类无休止地对这个世界的索取与获得，使得我们相当多的人已经丧失了对这个世界的好奇和新鲜感，我们的感官变得迟钝和麻木，我们的生命变得了无生趣，世界变得枯燥而乏味。可惜我们的世界里有太多这样的人，所以王小波说牛顿万有引力的故事、拜伦跳下去游水的“拜伦塘”，都在告诉人们保持一颗童心，始终怀着有趣的态度和热情打量我们生活的这个世界是多么重要。

有颗童心、有探索热情，有一份自由的天空，尊重个体，尊重生命，这就是王小波关于精神家园内涵的界定。精神家园的守护就是人文的事业，在很多时候是充满荆棘的。但在王小波看来，守护一片童心，用童心来思考世界，会省去很多世界上不必要的麻烦。王小波对人文事业的倡导颇有知识分子的浪漫，他认为：“用宁静的童心来看，这条路是这样的：这在两条竹篱之中。篱笆上开满了紫色的牵牛花，在每个花蕊上，都落了一只蓝蜻蜓。”童心会让这个世界变得纯真而美好，看似脱离现实，有煽情浪漫之嫌，但却看出一个人文知识分子的古道热肠、人间情怀，以及对理想主义的坚守。

他的妻子、社会学专家李银河在《我们曾经拥有》中谈道：“小波的文章中有一种传统写作中十分罕见的自由度，看了没有紧张感，反而有一种飞翔的感觉。他的反讽风格实在是大手笔，而且是从骨子里出来的，同他的个性、生活经历连在一起，不是别人想学就能学得来的。"[①] 从《我的精神家园》里，可以看到李银河的这种感受：当王小波在文中提到穿着宽松的袍子走来走去的哲人，谈到恢复人文精神就要灭掉一切俗人的荒唐，都是在用一种幽默轻松的笔调去描述和议论的。他的幽默、调侃与守护精神家园的严肃、正经，使得文章形成精神态度上的鲜明对照和反讽性的叙述结构。这种反讽性的叙述结构，既释放了阅读者基于话题严肃带来的紧张压力，转化为精神上的超脱与轻松感，也使读者获得了双重对照带来的智慧启迪和思想上的反省意识。可以说，王小波思想中所蕴藏的自由精神、人文情怀、理性科学意识，以及他在文学中的不羁想象、先锋的话语姿态，成就了王小波作为"浪漫骑士、行吟诗人、自由思想家"的标准身份。

《我的精神家园》是王小波的一篇重要文章，王小波代表着我们这个时代不可缺少的一种独立不羁的自由精神。从《黄金时代》《白银时代》《青铜时代》再到《沉默的大多数》，王小波的创作无一不表现出对权力、体制、流俗观念模式的抵抗姿态，这一定程度上是20世纪80年代批判精神的继续，同时也是对中国20世纪90年代权力、市场普遍迷恋的反拨。王小波在《万寿寺》中说道："一个人只拥有此生此世是不够的，他还应该拥有诗意的世界。"[②] 物质的困顿与匮乏可能会使一个人变得贫寒与卑微，但并不能阻碍一个人在精神上，去构造一个思想自由、人格独立的黄金年代、精神家园。由此看出王小波的文章在精神脉络上与鲁迅为代表的五四批判传统具有深刻的内在联系。

---

① 王小波，李银河．爱你就像爱生命［M］．上海：上海锦绣文章出版社，2008：142.

② 王小波．万寿寺［M］//王小波．青铜时代．长沙：湖南文艺出版社，2016：258.

春江花月夜[①]

［唐］张若虚

导读

《春江花月夜》，唐代诗人张若虚的著名诗作，描绘春天夜晚江畔的景色，词句优美，被誉为“孤篇盖全唐”的杰作，闻一多称之为：“诗中的诗，顶峰上的顶峰。”诗中有画，画中有人，一个深爱丈夫的忠贞女子；画中有物，包容春江明月海潮、天空原野、花林沙滩、白云飞霜、扁舟楼台、妆镜砧石及长飞的鸿雁和潜跃的鱼龙。不难看出，这首诗是一首尽情抒写热爱自然并对生命有深刻体悟的赞美诗。诗中蕴含的追求人生真谛、探寻宇宙奥妙的哲理令读者久久寻味。

作品

春江花月夜

春江潮水连海平，海上明月共潮生。
滟滟随波千万里，何处春江无月明。
江流宛转绕芳甸，月照花林皆似霰。
空里流霜不觉飞，汀上白沙看不见。
江天一色无纤尘，皎皎空中孤月轮。
江畔何人初见月？江月何年初照人？
人生代代无穷已，江月年年望相似。
不知江月待何人，但见长江送流水。
白云一片去悠悠，青枫浦上不胜愁。
谁家今夜扁舟子？何处相思明月楼？
可怜楼上月徘徊，应照离人妆镜台。
玉户帘中卷不去，捣衣砧上拂还来。
此时相望不相闻，愿逐月华流照君。
鸿雁长飞光不度，鱼龙潜跃水成文。

---

① 选自《唐诗鉴赏辞典》（上海辞书出版社，2013 年版），有改动。张若虚（约 660—约 720），初唐诗人。主要代表作有《春江花月夜》《代答闺梦还》等。

昨夜闲潭梦落花，可怜春半不还家。
江水流春去欲尽，江潭落月复西斜。
斜月沉沉藏海雾，碣石潇湘无限路。
不知乘月几人归，落月摇情满江树。

赏析

张若虚的《春江花月夜》在中国古典诗歌中享有盛誉，历来为人们传颂。王闿运赞誉："用《西洲》格调，孤篇横绝，竟为大家。"不仅是因为其乃破宫体之清丽典型的文坛地位，更是因为全诗以有限的春、江、花、月、夜几种意象，来表现无限的生命意蕴，于对生命、宇宙的体验之中，追寻无限的生命价值。

诗作一开篇便写出了春江月夜壮阔的景象。"春江潮水连海平"，作者把有边有界的的江与无边无界的海连在一起，空间一下子被无限延伸，场面宏大、气势恢宏。而"海上明月共潮生"则表现了一幅海面涌动着粼粼的波涛，一轮明月浴水而出，洒落下光辉的画面。"生"字生动地描绘出了江水、海潮、明月的无限生机。"滟滟随波千万里，何处春江无月明。"潮水流到哪里，月光就跟随到哪里，春江之上有哪里不受到月光的照耀呢？诗人的情思也随着扩大，场面由眼前的春江月夜扩大到天下的江河月夜。"江流宛转绕芳甸，月照花林皆似霰。"作者笔锋一转，由海天之际移到江岸。江水流淌在树木花草遍生的原野，银色的月光洒落在春江大地上，就像播撒了一层洁白的雪花。"空里流霜不觉飞，汀上白沙看不见。"如水的月光洗涤了天地万物，洗涤了世间的污垢和尘埃，只剩一个被银白的月光笼罩着的世界。如此良辰美景，无疑会调动诗人对宇宙的探索和对人生哲理的寻求。

"江天一色无纤尘，皎皎空中孤月轮。江畔何人初见月？江月何年初照人？"海天一色，只有皓月当空，令人恍然有出世之感。"孤"字透露了作者的人间情怀，作者由月及人，由望月想到月照人，追溯起人之初、月之始。在江边是谁第一个见到这轮明月？明月又是哪年将她的光辉洒向人间的呢？这是个哲学问题，体现着朦胧的时间意识和历史意识。这已不是单单的写景，是在探索宇宙的开始，追溯人生的开端。接下来由疑问转为感叹："人生代代无穷已，江月年年望相似。不知江月待何人，但见长江送流水。"人生短暂，一代又一代人无穷地递变着，而江月却是年复一年地悬挂在天空，仿佛没有什么变化。她总是从海面上升起，悬挂在天空，好像在等待什么人，可那个人至今都没有出现。既然是相思等待，最绵延久长最打动人心的莫过于游子和思妇之间的"待"了，所以"白云一片悠悠而去"把游子带走之后，很多地方就被离愁染重了颜色。在这节里，诗人通过问答，从生命个体的角度上对游子和思妇爱情的深切关照。这爱情太悲苦了，作者故意从游子和思妇不同的角度来描写，这并不是炫弄技巧，是因为他想表现在不同的物理空间里，他们沐浴的是同一轮月光。所以这月光是能寄托相思的，作者敏锐地抓住了思妇对月光既爱又恨的微妙情感。在明月夜的高楼之上，有月光如影随形和思妇做伴，这本是好事，但月光的无孔不入是一种分离的提示，于是思妇的情绪变得烦躁，想赶走月光，可是“玉户帘中卷不去，捣衣砧上拂还来”。一切都是徒劳的。这时在思妇眼睛里，月光已经不是一个有形物，它代表了思妇无法解决又不愿面对的离愁别绪。接着，诗人视角一转，将镜头对准了千里之外的游子，没有思妇的细腻，而是抓住了游子的一个梦境，“昨夜闲潭梦落花，可怜春半不还家。江水流春去欲尽，江潭落月复西斜”。落花满潭，春光将逝。可归期遥遥，江水流春带走的不仅仅是季节，更是游子可贵的青春和幸福的可能。一场凄美的相思在月光下展开，又随着西斜的月拉上帘幕。

当宇宙时空处于无穷无尽的状态之时，人的生命却太过于短暂，但这两者之间并不矛盾冲突，相反，正因为韶华易逝，生命才更加珍贵，在这里，我们更能体会到作者的最初觉醒：当我们对于生命本体有了一个清醒的认识以后，对于生死离别则有了一个更为客观的态度去看待，才会产生尽管生命短暂，亦有无限价值的感慨。

纵观全诗，不同意象构筑了一个静谧广阔的宇宙世界，江、月对应的是时间空间的象征，诗人在这月光流转、江水涟涟的春夜，对着苍茫的宇宙发出了天问般哲理性的问题：“江畔何人初见月？江月何年初照人？”第一缕月光是何人迎接的呢？不管是谁，现在都已经不存在了吧？但这种淡淡的伤感情怀与《古诗十九首》中“生年不满百，常怀千岁忧”的忧伤痛苦以及曹操《短歌行》中“对酒当歌，人生几何？譬如朝露，去日苦多”的无奈感喟都迥然有异；也没有陈子昂“念天地之悠悠，独怆然而涕下”的深沉悲怆或刘希夷“年年岁岁花相似，岁岁年年人不同”的凄凉感伤。他苦苦地追寻着答案，终于，他摆脱了对有限生命的束缚，高吟出：“人生代代无穷已，江月年年望相似。”尽管时间在飞快地流逝，虽然岁月始终如一，人却短暂存在，但是人类一代又一代的不断更迭，不也是在有限的生命中进行着无限的循环回往复吗？人生虽然有限，但是源源不断的有限人生却构成了如长江之水，东流不息的无限生命，这不也是另外一种生命价值吗？诗人以这样的方式来面对无数无限的困境，最终摆脱了其禁锢，从而得到了一种积极自由的人生观，也有利于其对生命无限价值的追求。

总的来说，《春江花月夜》以景入情，以情入理，将抽象的生命引入了朦胧恍惚的迷宫，虽然它并没有指出生命的内核是什么，但是，它将有限的意象全部融入一种深邃而又迷茫的宇宙长河中，并通过对时间空间以及生命本原的探寻，把握到了生命的无限性，这正是象征主义所想要实现的目的，也是本诗所表现的生命价值意义。

报任安书[①]

［西汉］司马迁

导读

在我的眼中，司马迁是个值得敬佩而又值得同情的人，一个平常而又伟大的人。我们同情他，因为他遭受了一个人特别是男人的最大的耻辱；但我们也因此更加敬佩他，因为他似乎是超越了生死的，没有因为这点耻辱而改变个人的追求；而他的伟大更在于他以坚忍的精神为人们留下了一部伟大的史书，亦或曰文学精品，被鲁迅先生赞为“史家之绝唱，无韵之离骚”！

对于他的精神世界，或许要从《报任安书》中去寻求……

作品

太史公牛马走司马迁再拜言。少卿足下：曩者辱赐书，教以慎于接物，推贤进士为务。意气勤勤恳恳，若望仆不相师用，而用流俗人之言。仆非敢如是也！仆虽罢驽，亦尝侧闻长者之遗风矣。顾自以为身残处秽，动而见尤，欲益反损，是以独抑郁而谁与语。谚曰：“谁为为之？孰令听之？”盖钟子期死，伯牙终身不复鼓琴。何则？士为知己者用，女为说己者容。若仆大质已亏缺矣，虽才怀随和，行若由夷，终不可以为荣，适足以发笑而自点耳。书辞宜答，会东从上来，又迫贱事，相见日浅，卒卒无须臾之闲，得竭志意。今少卿抱不测之罪，涉旬月、迫季冬，仆又薄从上雍，恐卒然不可为讳，是仆终已不得舒愤懑以晓左右，则长逝者魂魄，私恨无穷。请略陈固陋。阙然久不报，幸勿为过！

仆闻之：修身者，智之符也；爱施者，仁之端也；取予者，义之表也；耻辱者，勇之决也；立名者，行之极也：士有此五者，然后可以托于世，有利于君子之林矣。故祸莫憯于欲利，悲莫痛于伤心，行莫丑于辱先，诟莫大于宫刑。刑余之人，无所比数，非一世也，所从来远矣。昔卫灵公与雍渠同载，孔子适陈；商鞅因景监见，赵良寒心；同子参乘，袁丝变色：自古而耻之。夫中材之人，事有关于宦竖，莫不伤气，而况于慷慨之士乎！如今朝廷虽乏人，奈何令刀锯之余，荐天下之豪俊哉！仆赖先人绪业，得待罪辇毂下，二十余年矣。所以自惟：上之不能纳忠效信，有奇策材力之誉，

① 选自《古代散文鉴赏辞典》（农村读物出版社，1987年版），有改动。司马迁，字子长，西汉史学家、散文家。主要代表作有《史记》。

自结明主；次之又不能拾遗补阙，招贤进能，显岩穴之士；外之又不能备行伍，攻城野战，有斩将搴旗之功；下之不能积日累劳，取尊官厚禄，以为宗族交游光宠。四者无一遂，苟合取容，无所短长之效，可见于此矣。向者仆亦常厕下大夫之列，陪奉外廷末议。不以此时引纲维，尽思虑，今已亏形为扫除之隶，在阘茸之中，乃欲仰首伸眉，论列是非，不亦轻朝廷，羞当世之士邪？嗟乎！嗟乎！如仆尚何言哉！尚何言哉！

且事本末未易明也。仆少负不羁之才，长无乡曲之誉，主上幸以先人之故，使得奉薄伎，出入周卫之中。仆以为戴盆何以望天，故绝宾客之知，亡室家之业，日夜思竭其不肖之才力，务一心营职，以求亲媚于主上。而事乃有大谬不然者！夫仆与李陵，俱居门下，素非能相善也。趋舍异路，未尝衔杯酒，接殷勤之余欢。然仆观其为人，自守奇士，事亲孝，与士信，临财廉，取予义，分别有让，恭俭下人，常思奋不顾身，以徇国家之急。其素所蓄积也，仆以为有国士之风。夫人臣出万死不顾一生之计，赴公家之难，斯已奇矣。今举事一不当，而全躯保妻子之臣，随而媒孽其短，仆诚私心痛之。且李陵提步卒不满五千，深践戎马之地，足历王庭，垂饵虎口，横挑强胡，仰亿万之师，与单于连战十有余日，所杀过当。虏救死扶伤不给，旃裘之君长咸震怖，乃悉征其左右贤王，举引弓之民，一国共攻而围之。转斗千里，矢尽道穷，救兵不至，士卒死伤如积。然陵一呼劳军，士无不起，躬自流涕，沬血饮泣，更张空弮，冒白刃，北向争死敌者。陵未没时，使有来报，汉公卿王侯皆奉觞上寿。后数日，陵败书闻，主上为之食不甘味，听朝不怡。大臣忧惧，不知所出。仆窃不自料其卑贱，见主上惨怛怛悼，诚欲效其款款之愚，以为李陵素与士大夫绝甘分少，能得人之死力，虽古之名将，不能过也。身虽陷败，彼观其意，且欲得其当而报于汉。事已无可奈何，其所摧败，功亦足以暴于天下矣。仆怀欲陈之，而未有路，适会召问，即以此指，推言陵之功，欲以广主上之意，塞睚眦之辞。未能尽明，明主不晓，以为仆沮贰师，而为李陵游说，遂下于理。拳拳之忠，终不能自列。因为诬上，卒从吏议。家贫，货赂不足以自赎；交游莫救视，左右亲近不为一言。身非木石，独与法吏为伍，深幽囹圄之中，谁可告诉者！此真少卿所亲见，仆行事岂不然乎？李陵既生降，颓其家声，而仆又佴之蚕室，重为天下观笑。悲夫！悲夫！事未易一二为俗人言也。

仆之先，非有剖符丹书之功，文史星历，近乎卜祝之间，固主上所戏弄，倡优所畜，流俗之所轻也。假令仆伏法受诛，若九牛亡一毛，与蝼蚁何以异？而世俗又不能与死节者次比，特以为智穷罪极，不能自免，卒就死耳。何也？素所自树立使然也。人固有一死，或重于泰山，或轻于鸿毛，用之所趋异也。太上不辱先，其次不辱身，其次不辱理色，其次不辱辞令，其次诎体受辱；其次易服受辱，其次关木索、被箠楚受辱，其次剔毛发、婴金铁受辱，其次毁肌肤、断肢体受辱，最下腐刑极矣！传曰："刑不上大夫。"此言士节不可不勉励也。猛虎在深山，百兽震恐，及在槛阱之中，摇尾而求食，积威约之渐也。故士有画地为牢，势不可入，削木为吏，议不可对，定计于鲜也。今交手足，受木索，暴肌肤，受榜箠，幽于圜墙之中，当此之时，见狱吏则头抢地，视徒隶则心惕息。何者？积威约之势也。及以至是言不辱者，所谓强颜耳，曷足贵乎？且西伯，伯也，拘于羑里；李斯，相也，具于五刑；淮阴，王也，受械于陈；彭越、张敖，南面称孤，系狱抵罪；绛侯诛诸吕，权倾五伯，囚于请室；魏其，大将也，衣赭衣，关三木；季布为朱家钳奴；灌夫受辱于居室。此人皆身至王侯将相，声闻邻国，及罪至罔加，不能引决自裁，在尘埃之中。古今一体，安在其不辱也？由此言之，勇怯，势也；强弱，形也。审矣，何足怪乎？夫人不能早自裁绳墨之外，以稍陵迟，至于鞭箠之间，乃欲引节，斯不亦远乎！古人所以重施刑于大夫者，殆为此也。夫人情莫不贪生恶死，念父母，顾妻子，至激于义理者不然，乃有所不得已也。今仆不幸，早失父母，无兄弟之亲，独身孤立，少卿视仆于妻子何如哉？且勇者不必死节，怯夫慕义，何处不勉焉？仆虽怯懦，欲苟活，亦颇识去就之分矣，何至自沉溺缧绁之辱哉！且夫臧获婢妾，犹能引决，况仆之不得已乎？所以隐忍苟活，幽于粪土之中而不辞者，恨私心有所不尽，鄙陋没世，而文采不表于后世也。

古者富贵而名摩灭，不可胜记，唯倜傥非常之人称焉。盖文王拘而演《周易》；仲尼厄而作《春秋》；屈原放逐，乃赋《离骚》；左丘失明，厥有《国语》；孙子膑脚，《兵法》修列；不韦迁蜀，世传《吕览》；韩非囚秦，《说难》《孤愤》；《诗三百篇》，大底圣贤发愤之所为作也。此人皆意有所郁结，不得通其道，故述往事、思来者。乃如左丘无目，孙子断足，终不可用，退而论书策，以舒其愤，思垂空文以自见。仆窃不逊，近自托于无能之辞，网罗天下放失旧闻，略考其事，综其终始，稽其成败兴坏之纪，上计轩辕，下至于兹，为十表，本纪十二，书八章，世家三十，列传七十，凡百三十篇。亦欲以究天地之际，通古今之变，成一家之言。草创未就，会遭此祸，惜其不成，是以就极刑而无愠色。仆诚已著此书，藏之名山，传之其人，通邑大都，则仆偿前辱之责，虽万被戮，岂有悔哉！然此可为智者道，难为俗人言也。

且负下未易居，下流多谤议。仆以口语遇遭此祸，重为乡党所笑，以污辱先人，亦何面目复上父母之丘墓乎？虽累百世，垢弥甚耳！是以肠一日而九回，居则忽忽若有所亡，出则不知其所往。每念斯耻，汗未尝不发背沾衣也。身直为闺阁之臣，宁得自引深藏于岩穴邪？故且从俗浮沉，与时俯仰，以通其狂惑。今少卿乃教以推贤进士，无乃与仆私心刺谬乎？今虽欲自雕琢曼辞以自饰，无益，于俗不信，适足取辱耳。要之，死日然后是非乃定。书不能悉意，略陈固陋。谨再拜。

赏析

每次读《报任安书》，只觉一股愤懑郁结之情直冲胸臆，千载之下仍能想见司马迁身处蚕室、奋笔著史、涔涔汗下、挥洒沉痛之遗风。开篇即回答了任安之前来信提出的“慎于接物，推贤进士”的问题，表达了自己“虽罢驽，亦尝侧闻长者遗风”的品质，说明了自己身受酷刑，大质已亏，想要有所作为，但是却缺乏知音的哀痛，将主题直接带入下文的抒情文字，奠定了整封书信沉痛愤懑、激昂悲壮的感情基调。

接着，司马迁以抑笔暂时控制住了自己将要奔流而下、一泻千里的情感，真切地向任安解释了自己没有及时回信的原因，不加以虚饰地表达了自己担心任安突然死去，自己将没有机会再向任安剖白自己心曲的惨痛——“是仆终已不得舒愤懑以晓左右，则长逝者魂魄私恨无穷”。读至此，眼前不由浮现出两个憔悴苦楚的身影：一身陷囹圄，桎梏加身，披发褴褛，刑期将至；一身处蚕室，宫刑惨烈，史书未成，苟且偷生。二人境遇相似，命运多舛，生离死别在即，不能不令人深感人生无常、际遇变换而掩卷落泪。

接下来，司马迁的感情激扬愤烈，极其自卑自伤地谈到了“诟莫大于宫刑”，认为自己已成“刀锯之余”，就算朝廷乏人，也不容自己来荐天下豪俊；此时的司马迁，身体和心灵都遭到极大的创伤，一扫往日的自信昂扬，对自我的评价降到最低点：“上之，不能纳忠效信”“次之，又不能拾遗补阙”“外之，不能备行伍”“下之，不能积日累劳”“四者无一遂”，可以说是对自我的完全否定，伤痛自怜之情跃然纸上。两句“嗟乎”“尚何言哉”，至此，文章中感情的激烈到达高潮。

司马迁遭受宫刑的起因是李陵投降匈奴事件，所以，在下面的叙述中，司马迁又再次控制住了看似已不易收制的感情，谈到了李陵事件的始末，诉说了自己为李陵辩解的原委，为此遭到的灾祸、自己目前的感受，最后，却依然傲气不减地表达了“事未易一二为俗人言也”，将任安与“俗人”划开界限，睥睨之情溢于言表。

在后文中，司马迁再次以喷薄而出的激越情感，激动而惨痛地向任安倾诉了自己遭此酷刑却还苟活人世、不敢引决自裁的原因——并非自己贪生怕死，吝惜生命，况且自己“早失父母，无兄弟之亲，独身孤立”，在人世间没有牵挂，之所以苟活至今，关键是因为“恨私心有所不尽，鄙陋没世，而文采不表于后也”，而且，“勇者不必死节”，结束生命并非体现勇敢刚烈的做法，自己还有重要的著作要完成，不得不暂时视息人世。读来令人扼腕感叹，无限沉痛的同时，亦有无限感佩，深觉司马迁虽身受重创，但其精神、灵魂、气节、性情，无一不顶天立地，真大丈夫也！

最后，司马迁深沉澎湃地追忆了古之困顿非常之人的成就，将自己的遭遇和文王、孔子、屈原、左丘明、孙膑、吕不韦、韩非等大贤胜的命运联系起来，以古之贤人的遭遇和成就来自我勉励宽慰，前文中堆积的愤懑忧郁、哀伤沉痛之情在此逐渐变淡，一股激越昂扬、拗腰而起的气势从中窜出，又再次呼喊出“可为智者道，难为俗人言”着实令人拜服。

孔子曰：“未知生，焉知死。”“人生”有着极其丰富的内涵，恐怕很难有人能够讲清楚。对于“人生”，我们不能单从生理学角度去理解。因为生理学意义的“人生”只涉及我们的本能层面的生活或物质生活。如果这样来理解人生，人类与高等动物还有什么本质区别呢？除了满足本能的或物质生活的需求外，人类毕竟还有自己更高的追求，如我们还需要有良好而安全的社会生活（政治的、经济的、法治的等），更有高雅的文化艺术方面的情怀，以及只有少数人有的精神世界的强烈的终极关怀需要。

我想，司马迁也正是因为有了他的深刻的价值追求，才会让他忍辱偷生，最终完成他的价值使命。太史公的铮铮铁骨，不败傲气，千古之下，仍使我辈读书人感佩无极！

精神的三间小屋[①]

毕淑敏

导读

毕淑敏以睿智的思辨、宽厚的胸怀和细腻柔软的笔触关注生命、描摹人生，她的《精神的三间小屋》一文更是体现了她心灵的纯净和精神的超越。文章中作者提出：我们要“有一颗大心，才盛得下喜怒，输得出力量”，要“为自己的精神修建三间小屋”，第一间盛着我们的爱和恨；第二间盛放我们的事业；第三间安放我们的自身。她认为“三间小屋，说大不大，说小不小。非常世界，建立精神的栖息地，是智慧生灵的义务，每人都有如此的权利。”

在物欲横流的俗世里，呵护自己的心灵家园，为自己的心灵建造精神小屋，认识自己，探索生命，该是一种多么充实而又富有诗意的事情。

作品

面对那句“人的心灵，应该比大地、海洋和天空都更为博大”的名言，自惭形秽。我们难以拥有那样雄浑的襟怀，不知累积至那种广袤需如何积攒每一粒泥土、每一朵浪花、每一朵云霓？

甚至那句恨不能人人皆知的中国古话“宰相肚里能撑船”也让我们在敬仰之余，不知所措。也许因为我们不过是小小的草民，即便怀有效仿的渴望，也终是可望而不可即，便以位卑宽宥了自己。

两句关于人的心灵的描述，不约而同地使用了空间的概念。人的肢体活动，需要空间；那容心之所，该有怎样的面积和布置？

人常说“安居才能乐业”，如今的城里人一见面，就问：“你是住两居室还是三居室啊？……喔，两居室窄巴点，三居室虽说并不富余，却也算小康了。”身体活动的空间是可以计量的，心灵活动的疆域，是否也有个基本达标的数值？

有一颗大心，才盛得下喜怒，输得出力量。于是，宜选月冷风清竹木萧萧之处，为自己的精神修建三间小屋。

---

① 选自《毕淑敏散文》（人民文学出版社，2009 年版），有改动。毕淑敏，1952 年生于新疆伊宁，国家一级作家、内科主治医师，北京作家协会副主席。主要代表作有《红处方》《血玲珑》《鲜花手术》等。

第一间，盛着我们的爱和恨。

对父母的尊爱、对伴侣的情爱、对子女的疼爱、对朋友的关爱、对万物的慈爱、对生命的珍爱……对丑恶的仇恨、对污浊的厌烦、对虚伪的憎恶、对卑劣的蔑视……这些复杂对立的情感林林总总，会将这间小屋挤得满满，间不容发。你的一生经历过的所有悲欢离合、喜怒哀乐，仿佛以木石制作的古老乐器，铺陈在精神小屋的几案上，一任岁月飘逝，在某一个金戈铁血之夜，它们会无师自通与天地呼应，铮铮作响。假若爱比恨多，小屋就光明温暖，像一座金色池塘，有红色的鲤鱼游弋，那是你的大福气；若恨比爱多，小屋就阴风惨惨，厉鬼出没，你的精神悲凄压抑，形销骨立。如果想重温祥和，就得净手焚香，洒扫庭院，销毁你的精神垃圾，重塑你的精神天花板，让一束圣洁的阳光，从天窗洒入。

第二间，盛放我们的事业。

适合你的事业，白桦林不靠天赐，主要靠自我寻找。这不但因为相宜的事业，并非像雨后的菌子一样俯拾即是，而且因为我们对自身的认识也是抽丝剥茧，需要水落石出的流程。你很难预知，将在18岁还是40岁甚至更沧桑的时分，才真正触摸到倾心的爱好。当我们太年轻的时候，因为尚无法真正独立，受种种条件的制约，那附着在事业外壳上的金钱地位，或是其他显赫的光环，也许会灼晃了我们的眼睛。当我们有了足够的定力，将事业之外的赘物一一剥除，露出它单纯可爱的本质时，可能已耗费半生。然费时弥久，精神的小屋，也定需住进你所爱好的事业。否则，鸠占鹊巢，李代桃僵，那屋内必是鸡飞狗跳，不得安宁。

我们的事业，是我们的田野。我们背负着它，播种着、耕耘着、收获着，欣喜地走向生命的远方。规划自己的事业生涯，使事业和人生，呈现缤纷和谐相得益彰的局面，是第二间精神小屋坚固优雅的要诀。

第三间，安放我们的自身。

这好像是一个怪异的说法。我们自己的精神住所，不住着自己，又住着谁？

可它又确是我们常常犯下的重大失误：在我们的小屋里，住着所有我们认识的人，唯独没有我们自己。我们把自己的头脑，变成他人思想汽车驰骋的高速公路，却不给自己的思维留下一条细细的羊肠小道。我们把自己的头脑，变成搜罗最新信息网络八面来风的集装箱，却不给自己的发现留下一个小小的储藏盒。我们说出的话，无论声音多么嘹亮，都是别的喉咙嘟囔过的。我们发表的意见，无论多么周全，都是别的手指圈划过的。我们把世界万物保管得好好，偏偏弄丢了开启自己的钥匙。在自己独居的房屋里，找不到自己曾经生存的证据。

如果真是那样，我们的精神小屋不必等待地震和潮汐，在微风中就悄无声息地坍塌。它纸糊的墙壁化为灰烬，白雪的顶棚变成泥泞，露水的地面变成了沼泽，窗棂破裂，露出惨淡而真实的世界。你的精神，孤独地在风雨中飘零。

三间小屋，说大不大，说小不小。非常世界，建立精神的栖息地，是智慧生灵的义务，每人都有如此的权利。我们可以不美丽，但我们健康；我们可以不伟大，但我们庄严；我们可以不完满，但我们努力；我们可以不永恒，但我们真诚。

当我们把自己的精神小屋建筑得美观结实、储物丰富之后，不妨扩大疆域，增修新舍，矗立我们的精神大厦，开拓我们的精神旷野。因为，精神的宇宙，是如此的辽阔啊！

赏析

作者毕淑敏是在20世纪八九十年代之交中国文坛冉冉升起的一颗耀眼的新星，是一位有独特生命意识、文品人品兼佳的作家。她祖籍山东，1952年生于新疆伊宁，17岁应征入伍，赴西藏高原阿里地区当兵，在海拔5 000米的高原部队服役11年。到阿里后，她做的一件恒久不变的事情就是看山，她用眼光触摸每一座大山，感受大山的永恒和人类的弱小，对宇宙和人自身进行思考。历任卫生员、军医，1980年转业回北京，从事医学工作20年后，开始专业写作。她曾以自己的名字命名一心理诊所，后来因咨询的人过多，使她产生了“精卫填海”的绝望，于是她重新拿起笔，以另一种方式深入读者内心，慰藉曾经困惑、迷茫的心灵，帮助无数人走出低谷，通过她的文章引导人们认真的生活，以回答生命。她共发表作品200余万字，主要有中、短篇小说集《女人之约》《昆仑殇》《预约死亡》，散文集《素面朝天》《提醒幸福》《保持惊奇》等。著有《毕淑敏文集》四卷，长篇小说《红处方》。曾获庄重文文学奖、小说月报百花奖、当代文学奖、北京文学奖、昆仑文学奖、解放军文艺奖、青年文学奖、台湾第16届中国时报文学奖、台湾第17届联合报文学奖等各种文学奖30余次。

《精神的三间小屋》是一篇富有哲理的议论性散文，文章流淌着作者对人生的深沉情愫，也镌刻着她对人生的大智大慧的印迹。她告诉我们，勇气、智慧、才干、关怀……所有人间的美好，“爱”都会赠予你。她的《爱怕什么》中也说：“爱是一种勇敢和智慧的艺术。需要表达，需要果敢，爱一个人就斩钉截铁地追求，爱一个民族，就挫骨扬灰地献身，爱一种信仰就至死不悔”，所以，在她的《精神的三间小屋》中要为自己的精神修建的第一间小屋就是“盛着爱和恨”，因为爱与恨是人最基本的情感，有了爱与恨，我们才能体会到生活中的酸甜苦辣。如文中所说，有“对父母的尊爱、对伴侣的情爱、对子女的疼爱、对朋友的关爱、对万物的慈爱、对生命的珍爱……对丑恶的仇恨、对污浊的厌烦、对虚伪的憎恶、对卑劣的蔑视……”。同时，作者又告诉我们要“爱比恨多”，付出一份真情不容易，得到一份珍贵的爱更为难得，我们应倍加珍惜，用情感小屋来倍加呵护，“让一束圣洁的阳光，从天窗洒入”，在修建我们的精神家园时，给爱留足空间，让爱永恒在前，让小屋光明温暖。读到此处，我们更能感受到作者的善意与祥和。

“第二间，盛放我们的事业”。那么，第二间小屋为何要用来盛放我们的事业？又怎样才能使这间小屋坚固优雅呢？作者接着娓娓道来，真正的自尊是建立在不断完善自己的基础上的，“规划自己的事业生涯，使事业和人生，呈现缤纷和谐相得益彰的局面，是第二间精神小屋坚固优雅的要诀”。我们将在自己的工作岗位上度过相当长的一段时间，所以自己的事业、自己的工作，应该是自己喜欢的，只有做自己喜欢的才能保持永久的激情，发挥最大的潜力。如若能“选择自己所爱的，也爱自己所选择的”，这样，我们将拥有一个更宽广的平台，实现人生价值的最大化。作者以深邃的洞察力提醒我们，学业是为事业做准备的，同时也告诉我们，要端正态度，做好本职工作，培养对工作的兴趣，获得自尊，取得成就。

最后修建的小屋，也是最关键的一间，她说：“我们把世界万物保管得好好，偏偏弄丢了开启自己的钥匙。在自己独居的房屋里，找不到自己曾经生存的证据”，“如果真是那样，我们的精神小屋不必等待地震和潮汐，在微风中就悄无声息地坍塌”。又如她的《鱼在波涛下微笑》一文中所提到的一样，她说“人生所有的问题，都是关系的问题，在所有的关系之中，你和自己的关系最为重要，它是关系的总脐带”，“处理好了和自己的关系，你才能有精力和智慧去研究你的人际关系，去和大自然和谐相处”，才有“多余的热血去濡养他人”。所以，我们的第三间小屋，要安放我们自身，让我们自律自强、自信自如、自尊自若，更好地展现出心灵张弛的韧性。有了自我，才能明确所爱、所恨，才懂得怎样的事业能给我们带来真正的快乐的。自我小屋是很重要的一间精神小屋，更是我们应最为珍视的一处心灵栖息地。

文章以三间小屋为载体，赋予了丰富的精神内涵，激励我们建设精神家园，完善自我心灵，提升精神境界，使人格得到升华。

毕淑敏深邃的思想浸润于典雅的、灵动的语言中，值得我们细细品味，深入领会。文中多处设喻，富含哲理，智性、明净的文字给读者美的享受。其文辞华美，语言生动形象，通篇读来，如沐春风。

如关于“爱与恨”的比喻句：“假若爱比恨多，小屋就光明温暖，像一座金色池塘，有红色的鲤鱼游弋，那是你的大福气；若恨比爱多，小屋就阴风惨惨，厉鬼出没，你的精神悲凄压抑，形销骨立。”

如关于“事业”的比喻句：“我们的事业，是我们的田野。我们背负着它，播种着、耕耘着、收获着，欣喜地走向生命的远方。”

如关于“自身”的比喻句：“我们把自己的头脑，变成他人思想汽车驰骋的高速公路，却不给自己的思维留下一条细细的羊肠小道。”

推荐书目

《西藏之旅》

推荐理由：马丽华以援藏者身份在西藏生活工作了二十多年，在她笔下，我们可以看到皑皑雪山上的圣灵，茫茫草原上的碧绿，湛蓝天空展翅的雄鹰，经幡飞舞的千年玛尼堆……作者以饱满的激情，描绘了西藏这片高原大陆的神秘、深厚、淳朴，这片雪域高原上生息繁衍的人群，所具有的独特的心理气质和赖以生存的精神内涵，在马丽华的文字中，读者可以体会到那片神秘土地的奇异之光，感受着那片土地上生息着的人们的信仰、情感和希望。

拓展链接

1. 冰心《往事》
2. 赵丽宏《心灵是一棵会开花的树》
3. 王书平《与好心情为伴》
4. 严文井《阳光》
5. 张炜《融入野地》
6. 丰子恺《儿女》
7. 潘碧秀《悲情的杜甫草堂》
8. 王蒙《苏州赋》
9. 苏轼《赤壁赋》
10. 苏辙《黄州快哉亭记》
11. 史铁生《好运设计》
12. 刘半农《教我如何不想她》
13. 黄裳《浣花草堂》
14. 亚伯拉罕·迈克尔·罗森塔尔《奥斯维辛没有什么新闻》

榜样力量

榜样的力量是无穷的，没有榜样，一切说教都是苍白的，一切理论都是灰色的！满腔热血、精力无限的中学生不但需要描述性知识的学习，还需要用榜样去激励和唤醒。使他们在榜样的影响下，心灵无比纯粹，意志无比坚定，勇往直前。当然，这里榜样作用的发挥，是通过一组经典选文来实现的，充满着十足的语文味。

创造宣言[①]

陶行知

导读

陶行知是公认的人民教育家，他不仅精通教育哲学、有先进的政治观念和极高的学术造诣，而且也有着十分成功的教育实践，“捧着一颗心来，不带半根草去”是对他真实的写照。陶行知的《创造宣言》不但思想精深，而且文字也十分漂亮，希望读者阅读时要如蜜蜂采蜜一样仔细，不要落下任何一方面。

作品

创造主未完成之工作，我们接过来，继续创造。

宗教家创造出神来供自己崇拜。最高的造出上帝，其次造出英雄之神，再其次造

① 选自《陶行知全集》（四川教育出版社，2005 年版），有改动。陶行知（1891—1946），中国人民教育家、思想家，伟大的民主主义战士，爱国者，中国人民救国会和中国民主同盟的主要领导人之一。主要代表作有《创造宣言》《行知书信》《行知诗歌集》等。

出财神、土地公、土地婆来供自己崇拜，省事者把别人创造现成之神来崇拜。

恋爱无上主义者造出爱人来崇拜。笨人借恋爱之名把爱人造成丑恶无耻的荡妇来糟踏，糟踏爱人者不是奉行恋爱无上主义，而是奉行万恶无底主义的魔鬼，因为他把爱人造成魔鬼婆。

美术家如罗丹，是一面造石像，一面崇拜自己的创造。

教育者不是造神，不是造石像，不是造爱人。他们所要创造的是真善美的活人。真善美的活人是我们的神，是我们的石像，是我们的爱人。教师的成功是创造出值得自己崇拜的人。先生之最大的快乐，是创造出值得自己崇拜的学生。说得正确些，先生创造学生，学生也创造先生，学生先生合作而创造出值得彼此崇拜之活人。倘若创造出丑恶的活人，不但是所塑之像失败，亦是合作塑像者之失败。倘若活人之塑像是由于集体的创造，而不是个人的创造，那末这成功失败也是属于集体而不是仅仅属于个人。在一个集体当中，每一个活人之塑像，是这个人来一刀，那个人来一刀，有时是万刀齐发。倘使刀法不合于交响曲之节奏，那便处处是伤痕，而难以成为真善美之活塑像。在刀法之交响中，投入一丝一毫的杂声，都是中伤整个的和谐。

教育者也要创造值得自己崇拜之创造理论和创造技术。活人的塑像和大理石的塑像有一点不同，刀法如果用得不对，可以万像同毁，刀法如果用得对，则一笔下去，画龙点睛。

有人说：环境太平凡了，不能创造。平凡无过于一张白纸，八大山人挥毫画他几笔，便成为一幅名贵的杰作。平凡也无过于一块石头，到了飞帝亚斯、米开朗基罗的手里可以成为不朽的塑像。

有人说：生活太单调了，不能创造。单调无过于坐监牢，但是就在监牢中，产生了正气歌，产生了苏联的国歌，产生了尼赫鲁自传。单调又无过于沙漠了，而雷塞布（Lesseps）竟能在沙漠中造成苏彝士运河，把地中海与红海贯通起来。单调又无过于开肉包铺子，而竟在这里面，产生了平凡而伟大的平老静。

可见平凡单调，只是懒惰者之遁辞。既已不平凡不单调了，又毋需乎创造。我们是要在平凡上造出不平凡；在单调上造出不单调。

有人说：年纪太小，不能创造，见着幼年研究生之名而哈哈大笑。但是当你把莫扎特、爱迪生及冲破父亲数学层层封锁之帕斯加尔（Pascal）的幼年研究生活翻给他看，他又只好哑口无言了。

有人说：我是太无能了，不能创造，但是鲁钝的曾参传了孔子的道统。不识字的慧能，传了黄梅的教义。慧能说："下下人有上上智。"我们岂可以自暴自弃呀！可见无能也是借口。蚕吃桑叶，尚能吐丝，难道我们天天吃米饭，除造粪之外，便一无贡献吗？

有人说：山穷水尽，走投无路，陷入绝境，等死而已，不能创造。但是遭遇八十一难之玄奘，毕竟取得佛经；粮水断绝，众叛亲离之哥伦布，毕竟发现了美洲；冻饿病三重压迫下之莫扎尔特，毕竟写出了安魂曲。绝望是懦夫的幻想。歌德说：没有勇气一切都完。是的，生路是要勇气探出来，走出来，造出来的。这只是一半真理；当英雄无用武之地，他除了大无畏之斧，还得有智慧之剑，金刚之信念与意志，才能开出一条生路。古语说，穷则变，变则通，要有智慧才知道怎样变得通，要有大无畏之精神及金刚之信念与意志才变得过来。

所以：处处是创造之地，天天是创造之时，人人是创造之人，让我们至少走两步退一步，向着创造之路迈进吧。

像屋檐水一样，一点一滴，滴穿阶沿石。点滴的创造固不如整体的创造，但不要轻视点滴的创造而不为，呆望着大创造从天而降。

东山的樵夫把东山的茅草割光了，上泰山割茅草，泰山给他的第一印象是：茅草没有东山多。泰山上的“经石峪”“无字碑”……“六贤祠”“玉皇顶”……大自然雕刻的奇峰、怪石、瀑布，豢养的飞禽、走兽、小虫和几千年来农人为后代种植的大树，于他无用，都等于没有看见。至于那种登泰山而小天下之境界，也因急于割茅草看不出来。他每次上山拉一堆屎，下山撒一泡尿，挑一担茅草回家。尿与屎是他对泰山的贡献，茅草是他从泰山上得到的收获。茅草是平凡之草，而泰山所可给他的又只有这平凡之草，而且没有东山多，所以他断定泰山是一座平凡之山，而且从割草的观点看，比东山还平凡，便说了一声：“泰山没有东山好。”被泰山树苗听见，想到自己老是站在寸土之中，终年被茅草包围着，徒然觉得平凡、单调、烦闷、动摇，幻想换换环境。一根树苗如此想，二根树苗如此想，三根树苗如此想，久而久之成趋向，便接二连三的，一天一天的，听到树苗对樵夫说：“老人家，你愿意带我到东山去玩一玩么？”樵夫总是随手一拔，把它们一根一根的和茅草捆在一起，挑到东山给他的老太婆烧锅去了。我们只能在樵夫的茅草房的烟囱里偶尔看见冒出几缕黑烟，谁能分得出那一缕是树苗的，那一缕是茅草的化身？

割草的也可以一变而成为种树的老农，如果他肯迎接创造之神住在他的心里。我承认就是东山樵夫也有些微的创造作用——为泰山剃头理发，只是我们希望不要把我们的鼻子或眉毛剃掉。

创造之神！你回来呀！你所栽培的幼苗是有了幻想，樵夫拿着雪亮的镰刀天天来，甚至常常来到幼苗的美梦里。你不能放弃你的责任。只要你肯回来，我们愿意把一切——我们的汗，我们的血，我们的心，我们的生命——都献给你。当你看见满山的树苗在你监护之下，得到我们的汗、血、心、生命的灌溉，一根一根的都长成参天的大树，你不高兴吗？创造之神！你回来呀！只有你回来，才能保证参天大树之长成。

罗丹说：“恶是枯干。”汗干了，血干了，热情干了，僵了，死了，死人才无意于创造。只要有一滴汗，一滴血，一滴热情，便是创造之神所爱住的行宫，就能开创造之花，结创造之果，繁殖创造之森林。

赏析

时下，教育界不少人动辄提出教育主张，在各种场合中，各类教育宣言更是满天飞。但讽刺的是，这些所谓的“宣言”往往在发布之后不久就烟消云散，无影无踪。

这篇陶行知先生在20世纪40年代发表的《创造宣言》，放在今天来看依旧不愧是一个好宣言！这篇宣言在内容上具有相当的理论深度，经得起历史的检验；另外，其整体语言风格上具备了优秀演讲词所应有的鲜明语言特点，读起来亲切感人。

从内容上看，作者在这篇宣言中提出了鲜明的教育主张——创造教育。应该说，陶行知在“反对传统教育和洋化教育的斗争中，在根据中国国情创建新教育的实践中，逐步形成了系统的、独具特色的创造教育思想，为中国教育理论宝库做出了独特贡献。”（金林祥、李庚靖《论陶行知的创造教育思想及其现实意义》，2000年）在这篇《创造宣言》发表的前后，陶行知围绕“创造教育”分别发表了《创造的教育》《创造的儿童教育》《创造的社会教育论纲》等一系列文章，形成了系统完整的创造教育理论体系。

这篇宣言虽然发表在20世纪，但其中的许多观点至今并未过时，其承载的厚实教育理论对现今的教育仍然具有积极的启发意义。我们试着摘录宣言中的一些话语，感受其中的理论魅力：

教育者不是造神，不是造石像，不是造爱人。他们所要创造的是真善美的活人。真善美的活人是我们的神，是我们的石像，是我们的爱人。

先生创造学生，学生也创造先生，学生先生合作而创造出值得彼此崇拜之活人。

教育者也要创造值得自己崇拜之创造理论和创造技术。

处处是创造之地，天天是创造之时，人人是创造之人，让我们至少走两步退一步，向着创造之路迈进吧。

这些话生动形象而又富有哲理性地回答了在教育层面上“创造”的意义、价值、实现的途径等。毫不夸张地说，这些话语如同一则则教育警语，富有理论深度，在今天依旧闪烁着光芒。这对普通读者而言是一种启蒙，对教育工作者则是一种鞭策。

从整体语言风格上看，这篇宣言有如下的特点。

1．语言生动形象，明白如话

和很多老一辈教育大家一样，陶先生擅长用生动形象的语言表达深刻的教育思想，使听众能在短时间内接受其教育主张。如“教育者也要创造值得自己崇拜之创造理论和创造技术。活人的塑像和大理石的塑像有一点不同，刀法如果用得不对，可以万像同毁；刀法如果用得对，则一笔下去，画龙点睛。”在这里，作者形象地将教育方法比作“刀法”，把“万像”比喻为受教育对象群体。刀法之于“万像”，相当于教育方法作用于受教育对象。“刀法如果用得不对，可以万像同毁”则写出了教育方法“创造”的复杂性：这并不是一件轻而易举的事情，因为教育方法运用得稍有不慎的话，将会产生“万像同毁”的毁灭性后果，这对受教育者将是一种戕害。显然，陶先生已经成功地把一个抽象的教育道理向他的听众（读者）做了一种形象化的说明。他将教育活动与雕刻大理石塑像的行为两者之间做了联系与比较，不仅揭示了教育对于人的塑造的重要性，更加突出了教育对于人的塑造的特殊性与复杂性。

2. 语言热情洋溢，富有感染力

整篇宣言从头到尾洋溢着作者的教育理想与情怀，充满着演讲词的语言风格，展现了富有感染力的语言味道。正是这种激情澎湃、富有感染力的语言，才使读者能在短时间内受到“创造”力量的冲击，从而引发出那种向往充满“创造”的教育世界的动力。请看原文中的这些语句：“创造主未完成之工作，我们接过来，继续创造。”创造之神！你回来呀！你所栽培的树苗是有了幻想，樵夫拿着雪亮的镰刀天天来，甚至常常来到树苗的美梦里。你不能放弃你的责任。只要你肯回来，我们愿意把一切——我们的汗，我们的血，我们的心，我们的生命——都献给你。当你看到满山的树苗在你监护之下，得到我们的汗、血、心、生命的灌溉，一根一根地都长成参天的大树，你不高兴吗？创造之神！你回来呀！只有你回来，才能保证参天大树之长成。”

这一声声对创造之神充满深情崇拜的呼唤之语，读后令人为之动容，深受感染。它不是靠经院式语言的冷静分析，而是靠激情澎湃的语言激发读者内心潜在的“创造”热情，让读者从内心深处感受到“创造”对于儿童、对于教育的重要性。

3. 思维严谨，论证思路清晰

在现实中，有些宣言的语言虽然也是激情澎湃、慷慨激昂，却沦为一种空洞的呐喊，即感性有余而理性不足。细读这篇《创造宣言》，我们可以发现，作者思维严谨，行文论证思路清晰。

作者一开始就明确提出“我们要创造”这一总论点，进而提出“教育者要创造出值得自己崇拜的人，也要创造值得自己崇拜之创造理论和创造技术”的具体主张（分论点）。之后利用驳论法与例证法，逐一反驳了五种流行的“不能创造”的现象和说法，进而得出“处处是创造之地，天天是创造之时，人人是创造之人”的结论。接下来又以“东山樵夫”砍树为例，揭示缺乏创造力的可怕，鼓励教育者要保护和培育受教育者的创造力。最后，呼应开头罗丹的事例，大力呼吁人们要用自己的“汗”“血”“热情”去创造。

这篇宣言的语言生动形象、明白如话，热情洋溢，富有感染力，同时，清晰的论证思路还体现了作者思维的严谨。正是这种鲜明的语言特点使得这篇宣言在当时成为一篇优秀的演讲词，成功地宣扬了作者的教育主张及教育思想，也正是这篇演讲词所承载的教育理论厚度和温度，使今时今日的我们读起来依旧是那么地掷地有声，令人印象深刻。

归去来兮辞[①]

［晋］陶渊明

导读

从精神气质上来说，该文与《桃花源记》是姊妹篇，《桃花源记》是绝望中的幻想，而该文是陶渊明先生与统治阶级彻底决裂的宣言书，这两篇文章字里行间无不透露着陶先生对美好生活的向往和追求。但在群魔乱舞、政治腐败的东晋时期，追求美好生活的理想根本无法实现。今天，美好的新时代来了，它强烈地吸引着个体去实现自己的理想，去创造不可能。我们可以从穿越的角度去阅读，看能否走进陶渊明的心灵世界。

作品

余家贫，耕植不足以自给。幼稚盈室，瓶无储粟，生生所资，未见其术。亲故多劝余为长吏，脱然有怀，求之靡途。会有四方之事，诸侯以惠爱为德，家叔以余贫苦，遂见用于小邑。于时风波未静，心惮远役，彭泽去家百里，公田之利，足以为酒。故便求之。及少日，眷然有归欤之情。何则？质性自然，非矫厉所得。饥冻虽切，违己交病。尝从人事，皆口腹自役。于是怅然慷慨，深愧平生之志。犹望一稔，当敛裳宵逝。寻程氏妹丧于武昌，情在骏奔，自免去职。仲秋至冬，在官八十余日。因事顺心，命篇曰《归去来兮》。乙巳岁十一月也。

归去来兮，田园将芜胡不归？既自以心为形役，奚惆怅而独悲？悟已往之不谏，知来者之可追。实迷途其未远，觉今是而昨非。舟遥遥以轻飏，风飘飘而吹衣。问征夫以前路，恨晨光之熹微。

乃瞻衡宇，载欣载奔。僮仆欢迎，稚子候门。三径就荒，松菊犹存。携幼入室，有酒盈樽。引壶觞以自酌，眄庭柯以怡颜。倚南窗以寄傲，审容膝之易安。园日涉以成趣，门虽设而常关。策扶老以流憩，时矫首而遐观。云无心以出岫，鸟倦飞而知还。景翳翳以将入，抚孤松而盘桓。

归去来兮，请息交以绝游。世与我而相违，复驾言兮焉求？悦亲戚之情话，乐琴

① 选自《普通高中课程标准实验教科书语文5》（人民教育出版社，2006年版），有改动。陶渊明（365—427），字元亮，晚年更名为陶潜。东晋末至南朝宋初期诗人、辞赋家。主要代表作有《饮酒》《桃花源记》《归去来兮辞》等。

书以消忧。农人告余以春及，将有事于西畴。或命巾车，或棹孤舟。既窈窕以寻壑，亦崎岖而经邱。木欣欣以向荣，泉涓涓而始流。善万物之得时，感吾生之行休。

已矣乎！寓形宇内复几时？曷不委心任去留？胡为乎遑遑欲何之？富贵非吾愿，帝乡不可期。怀良辰以孤往，或植杖而耘耔。登东皋以舒啸，临清流而赋诗。聊乘化以归尽，乐天天命复奚疑！

赏析

辞与赋在中国古典文学中起源比较早。两汉时期，辞赋不分，均重文采、讲铺陈、善用典，区别在于辞重韵而抒情，赋重在咏物说理。《归去来兮辞》是辞赋的结合，既咏物说理，又抒发情感。全文 537 字，可分为三个部分。第一部分是序，阐述入仕和出仕的原因。在序言中，陶渊明坦陈是为贫而仕，“余家贫，耕植不足以自给”。于是，“亲故多劝余为长吏，脱然有怀，求之靡途”；诸侯、家叔帮忙，“遂见用于小邑”。最后，“彭泽去家百里，公田之利，足以为酒，故便求之”。

正文部分写了归途的心情、到家时的心情和在田园里的心情，洋溢着诗人欣慰无比、怡然自乐的幸福。归途的心情是立于船头，归心似箭，盼早日到家。到家时的心情是“乃瞻衡宇，载欣载奔”。意思是，远远地望见简陋屋门，且喜且奔地飞跑回家。在田园里的心情是“园日涉以成趣，门虽设而常关。策扶老以流憩，时矫首而遐观”。意思是，整天在园中散步而自得其乐，虽然设有门户却常将它关闭。拄着拐杖随处漫游歇息，不时抬起头来向远处眺望。作品的最后内容，抒发诗人的人生感悟，“富贵非吾愿，帝乡不可期”；“聊乘化以归尽，乐夫天命复奚疑！”意思是，顺其自然走向生命的尽头，乐天知命还有什么可以犹豫的呢？这是一种哲学思考，是陶渊明对生存价值和生命意义的终极追求。

品读《归去来兮辞》，我们深深为陶渊明的自然品格所折服。做人自然、自然做人，说起来容易，做起来其实很难，难就难在人有七情六欲，容易为物欲所困和名利所累。陶渊明真正做到了自然。陶渊明确信，自然是他的血脉、他的生命和他的全部，只要回归自然，他才会有幸福。这种自然是质性自然，不是作秀的自然，更不是作伪的自然，“少无适俗韵，性本爱丘山”。有了质性自然，陶渊明才会感叹：“久在樊笼里，复得返自然”，像天上的云，云卷云舒，自由飘荡，无所系羁；像空中的鸟，飞来飞去，翱翔蓝天，依恋树林。这种自然是田园风光。田园是最真切的自然，是人类诗意地栖居的大地。在陶渊明看来，田园代表着宁静、和谐、安详，代表着温情、善良、真诚，代表着对世俗的拒绝和对权力的蔑视。田园是他质性自然的载体，是他安身立命的处所。因而《归去来兮辞》正文一开篇就动人心魄地喊出“归去来兮，田园将芜胡不归?”真是天籁之音，在历史上的苍穹久久回荡，深深震撼着士大夫的心胸。这种自然是平淡语言。

陶渊明的诗文用的都是生活化的语言，在诗文中完全是真情的自然流露。有了真情，田园可以显现为风光，农家日子可以提升为诗意，简单事物可以唤起美的享受，这正是陶渊明诗文最大的特色，也是他质性自然的重要组成部分。后人评价《归去来兮辞》是“沛然如肺腑中流出，殊不见有斧凿之痕”；评价陶渊明的诗文是“一语天然万古新，豪华落尽见真淳”。

《归去来兮辞》中，陶渊明告别了官场生活，更是告别了以往的自己。“悟已往之不谏，知来者之可追。实迷途其未远，觉今是而昨非”。这段话既有悔恨又有醒悟，富有深刻的哲理。意思是，觉悟到以往的过失已无法挽回，知道将来的美好还来得及补救，其中今是而昨非，就是陶渊明彻底否定了30年的宦海沉浮。他在田园劳动中找到了归宿和寄托，他把魏晋以来人的觉醒提高到了一个更高的高度，提到了一种更深沉的人生态度和精神境界的高度。从而自然景色在他笔下，不再是作为哲理思辨或徒供观赏的物品，而成为诗人生活、兴趣的一部分。

历史或许给陶渊明的仕途留下了遗憾，但却没有给中国文学留下遗憾，回归田园，还原了一个本性自然的陶潜，一个心似明镜的陶潜。仰望高山晴空，他吟出了“山气日夕佳，飞鸟相与还”；月夜抚弄无弦之琴，他诵出了“但识琴中趣，何劳弦上声”。历史就是这样极富戏剧性，陶潜丢了一顶乌纱帽，却赢得了田园诗人的千古美名。

大禹的寂寞[1]

何向阳

导读

这是作家何向阳与大禹之间展开的一场灵魂和灵魂之间的跨越时空的探询和对话。作者从女性视角看到其他性别看不到的、被屏蔽的、不被关注的东西，看到大禹被英雄的光芒所遮蔽的孤独和寂寞。文章让我们看到的是一个还原为人的大禹，是一个有着人间烟火气的有血有肉的大禹，也让我们看到英雄之所以成为英雄的崇高和伟大之处。

作品

时隔四千年之后，已经难见当年辕关的地貌了，只剩了讲说，在往事与神话间游走，还有“古辕关”这几个清人的字，刻在关隘立壁上，写着历史。夏禹，一半被压了纸型，叠藏在文典史籍里头，一半，化作了口口相传的故事，散落在如空气无形却有时又凝聚成某种气候的民间里。

然而，真的跑了几十里地，到“萃两间之秀，居四方之中”的嵩高之地登封城北约两公里万岁峰下，面对高 10 米、周长 43 米的巨大“启母石”时，才知道那个英雄是彻底地寂寞的。

早年读《史记·夏本纪》，印象中叫禹的英雄与洪水斗了一辈子，太史公用了几大段写他从这里到那里，好像走遍了天下河流，连一些不知名的地图上都找不到的小河都布满他的足迹，哪里有水难，哪里就能眼见他的身影，忙碌得不知道还有别的生活。重翻《史记》，“敏给克勤”“劳身焦思”的句子扑进来，对应“开九州，通九道，陂九泽，度九山”的功劳，“陆行乘车，水行乘船，泥行乘橇，山行乘辇”的做法更惹人眼目，“东渐于海，西被于流沙，朔、南暨”，终于告功于天下，天下也终于因这个人的忙碌操劳而“太平治”。然而行为、功绩之外，仍有一句不能舍下，是“居外十三年，过家门不敢入！”较之，我倒更喜欢口传历史中那句——禹，三过家门而不入，去了“敢”字，可能更见禹的风格。不是不敢，而是不能，司马迁的文人叙事中说的是责任，民间叙事中说的是精神。二者叠加，仍不能抹去个寂寞么?

---

① 选自《思远道》(中国社会科学出版社2002 年版)。何向阳，1966 年生于可南，中国作家协会会员，主要代表作有《朝圣的故事或在路上》等。

禹治水前，还有一个人因治水建功，也因治水被杀，当那个叫鲧的人用堵的方法没有最终止住而失败时，死的命运其实已等着他了，“九年治水而不息”，功用不成是小事，关键是民生之系。《史记》中那一句让人看了心悸——“天下皆以舜之诛为是”，可见当时的责任制之严明。“舜举鲧子禹，而使续鲧之业”这里面有种难以人情释解的苦痛，前赴后继才不那么浪漫，舜此举之用意今人不好揣摩，然而也让人觉出搭了性命的压力，不知尚年轻气盛的禹怎么想？反正，他是上路了。面对因洪水生灵涂炭的百姓，他是非要把自己的身家性命置之度外了。

在失去了父亲之后，谁又是第二个要他付出的亲人呢？五层楼高的启母石就是另一场不幸的实证。“禹治洪水，通面辕山，化为熊。谓涂山氏曰：‘欲饷，闻鼓声乃来。禹跳石，误中鼓。涂山氏往，见禹方作熊，惭而去。至嵩高山下，化为石。方生启，禹曰：‘归我子。’石破北方而启生。”《淮南子》里这篇故事一波三折，熊身的禹，和无意中见了熊身禹的为妻的涂山氏的“惭而去”——写得太生动，也太涩苦，还有启之生，都神迹般，扑朔迷离；然而立于启母石前的下午，阳光是这么好，壁峭的石头破裂开来，一分为二，围着它走，有种本真的崇慕，因为它本身没有任何雕饰或者后天的人文附丽，就是一块巨石，风雨阳光都经过了，还是一块巨石。对于那不知神迹的过路人，它会因没有文字与解说而沉默为一块真正的顽石。大禹寂寞着，他的寂寞还不是后天的懵懂，而在当时，最亲密如妻子的人仍然会“惭而去”，离开他，不解是深的，比水更深一些。大禹，枉有回天之力，能够劈山让泄流改道，却不能够让一个心爱的女人回心转意，一任那自心流漫的大潮淹没自己。

何况诸侯们叫叫嚷嚷，争相出着主意，到了要走向水泽大野时，便多缩进家门不愿出去。对于这帮人，大禹怎么不会冲他们把那双总是在走，长满老茧的大脚伸开呢。这个英雄，领着一批人实干，却还要永担背后的热嘲冷眼、唾沫星子，那也是一种水，堵或者导似已不是对付的方法，它汇聚着另一场洪水要淹没这个治水的人。还有民众，他们的纪念随时随处，然而民众的纪念也会时过境迁，也因随时随处而心境迁移，也会遗忘。他们忘了一个人的最好办法是将人打入历史，在史录的隧道里或可赢取一个空间，几行文字，然而内心呢，当洪水不再，阳光灿烂，歌舞升平，与幸福伴行之际，谁会想起、忆念、沉吟，或者祭奠。

赏析

落入人间的大禹，这是对大禹治水神话传说的别一种读解。

一切还必须从那一场史前大洪水说起。关于这场大洪水，世界上许多史籍和神话都有所记载。比如古巴比伦的《吉尔伽美什史诗》这样描述：“洪水伴随着风暴，几乎在一夜之间淹没了大陆上所有的高山，只有居住在山上和逃到山上的人才得以生存。”而《圣经》则记载过诺亚方舟的故事，说是上帝故意安排一次巨大的洪水荡涤人间的罪恶，却让义人诺亚乘坐方舟逃生，“洪水泛滥地上四十昼夜，水往上涨，把方舟从地上漂起”。“洪水滔天，鲧窃帝之息壤以湮洪水。”——这是《山海经·海内篇》中国人记述的关于这场洪水的故事。虽然这些记述都是出自神话或者传说，但是据现代科学考证，4000 多年前地球北半球的确经历过一次突如其来的大洪水。饶有意思的是，中西方对这场灾难的讲述是很不同的，在西方，拯救人类的任务交给了上帝；在中国，则是人在与自然的抗争中完成了自我救赎，挺身而出带领人民抗击洪水的便是鲧和禹这对父子。沧海横流方显英雄本色，失败了的鲧是一个民族英雄，“开九州，通九道，陂九泽，度九山”的大禹更是一个民族英雄。事实上，大禹已经成为中华民族一个符号式人物，他的担当意识、韧性精神，以及无私无畏、勤劳智慧的品格已经融入中华民族的血脉之中，成为民族文化精神中的重要基因。也正是因为具有这种宝贵的精神基因，中华民族才能历经各种劫难而生生不息、绵延不绝。

面对这样一个民族英雄，你可以从历史的维度讲述他对于推动社会文明发展的意义，可以从文化的维度梳理他对于民族文化精神的构建意义，但是，作家何向阳选择的是人性的维度——在这里我们可以看出女性视角的存在，女性视角可以看到其他性别看不到的、被屏蔽的、不被关注的东西，可以看到被英雄的光芒所遮蔽的孤独和寂寞。大禹的孤独和寂寞源于他的处境：“舜举鲧子禹”，舜其实未必真的信任禹，而叫叫嚷嚷的诸侯们“都是口头革命家”，就连最亲近的妻子也“惭而去”；大禹的孤独和寂寞也是他主动的选择：“居外十三年，过家门不敢入”，太史公用“敢”字隐含着丰富的内容，国家以及家族（想一想他父亲的结局）的安危系在大禹的身上，他必须剔除作为一个凡人的所有情感及牵挂，占据他人生的只能是两个字：治水。这让我想起鲁迅的《铸剑》中黑色人对眉间尺所说的那句话：“仗义，同情，那些东西，先前曾经干净过，现在却都成了放债鬼的资本。我的心里全没有你所谓的那些。我只不过要给你报仇！”也就是说，只有割舍自己的种种情感，化为一把散发出冷森森寒气的利剑，才能完成复仇的任务。大禹的“过家门不敢入”其实也是割舍自己情感的一种主动的选择。自然，割舍情感不等于没有情感，那一声“归我子”的悲怆呐喊，可以让我们感受到他内心被撕裂的痛楚，感受到压抑着的孤独和忧伤。可是，又有多少人能够理解这孤独和忧伤？即或是在他终于被当作英雄簇拥着的时候，即或是千百年之后人们把他当作神供奉着的时候，人们追忆的，仅仅是他的事迹和精神。正所谓：自古英雄多寂寞。英雄之所以是英雄，就在于他不仅要战胜现实的劫难，而且必须要战胜内心的寂寞。

在史书，在神话中，我们看到的是符号化、神化的大禹，在这篇散文中，我们看到的是还原为人的大禹，是有着人间烟火气的有血有肉的大禹。落入人间并不会减损我们对这位英雄的敬仰，相反，他在我们心目中更生动、更伟大，我们越发能够体会到他那包藏四海之胸襟，充塞天地之气概！

面对历史人物，史家和文学家的解读方式是不同的，史家是尽可能客观地记述史实事迹，是尽可能公正地评判其是非功过。文学家呢？他可以选择像何向阳这样，展开一场灵魂和灵魂之间的跨越时空的探询和对话。有时候，文学的魅力就诞生在这充满人性气息的探询之中。

父亲的画面[①]

刘 墉

导读

父亲，一个熟悉的名字，一个温馨的字眼，一个港湾般可以依靠的宁静栖所，一个天空般可以投入的广阔怀抱，而对于仅9岁就失去父亲的刘墉来说，更多的意味或许是回忆的甜蜜，暗夜的隐痛，灵魂的伤痕，是欲说还休、欲语泪流的无奈，是利剑穿心、无语凝噎的痛楚。

作品

人生的旅途上，父亲只陪我度过最初的九年，但在我幼小的记忆中，却留下非常深刻的画面，清晰到即使在三十二年后的今天，父亲的音容仍仿佛在眼前。我甚至觉得父亲成为我童年的代名词，从他去世，我就失去了天真的童年。

最早最早，甚至可能是两三岁的记忆中，父亲是我的溜滑梯，每天下班才进门，就伸直双腿，让我一遍又一遍地爬上膝头，再顺着他的腿溜到地下。母亲常怨父亲宠坏了我，没有一条西装裤不被磨得起毛。

父亲的怀抱也是可爱的游乐场，尤其是寒冷的冬天，他常把我藏在皮袄宽大的两襟之间，我记得很清楚，那里面有着银白色的长毛，很软，也很暖，尤其是他抱着我来回走动的时候，使我有一种居高临下的优越感。我一生中真正有“独子”的感觉，就是在那个时候。

父亲宠我，甚至有些溺爱。他总专程到衡阳路为我买纯丝的汗衫，说这样才不致伤到我幼嫩的肌肤。在我四五岁的时候，厂家突然不再生产这种丝质的内衣。当父亲看着我初次穿上棉质的汗衫时，流露出心疼的目光，直问我扎不扎？当时我明明觉得非常舒服，却因为他的眼神，故意装作有些不对劲的样子。

母亲一直到今天，还常说我小时候会装，她只要轻轻打我一下，我就抽搐个不停，而且装作上不来气的样子，害得父亲跟她大吵。

确实，小时候父亲跟我是一国，这当中甚至连母亲都没有置身之处。我们父子常出去逛街，带回一包又一包的玩具，且在离家半条街外下三轮车，免得母亲说浪费。

---

① 选自《蜜色阳光》（长江文艺出版社，2004年版），有改动。刘墉，1949年生于中国台北，知名画家，作家。主要代表作有《超越自己》《把握我们有限的今生》等。

傍晚时，父亲更常把我抱上脚踏车前面架着的小藤椅，载我穿过昏黄的暮色和竹林，到萤桥附近的河边钓鱼，我们把电石灯挂在开满姜花的水滨，隔些时在附近用网子一捞，就能捕得不少小虾，再用这些小虾当饵。

我最爱看那月光下，鱼儿挣扎出水的画面，闪闪如同白银打成的鱼儿，扭转着、拍打着，激起一片水花，仿佛银粟般飞射。

我也爱夜晚的鱼铃，在淡淡姜花的香气中，随着沁凉的晚风轻轻叩响。那是风吹过长长的钓丝，加上粼粼水波震动，所发出的吟唱；似乎很近，又像是从遥远的水面传来。尤其当我躲在父亲怀里将睡未睡之际，那幽幽的鱼铃，是催眠的歌声。

当然父亲也是我枕边故事的述说者，只是我从来不曾听过完整的故事。一方面因为我总是很快地入梦，一方面由于他的故事都是从随手看过的武侠小说里摘出的片段。也正因此，在我的童年记忆中，“踏雪无痕”和“浪里白条”，比白雪公主的印象更深刻。

真正的白雪公主，是从父亲买的《儿童乐园》里读到的，那时候还不易买这种香港出版的图画书，但父亲总会千方百计地弄到。尤其是当我获得小学一年级演讲比赛冠军时，他高兴地从海外买回一大箱立体书，每页翻开都有许多小人和小动物站起来。虽然这些书随着我十三岁时的一场火灾烧了，我却始终记得其中的画面。甚至那些涂色的方法，也影响了我学生时期的绘画作品。

父亲不擅画，但是很会写字，他常说些“指实掌虚”“眼观鼻、鼻观心”这类的话，还买了成沓的描红簿子，把着我的小手，一笔一笔地描。知道他逝世之后，有好长一段时间，每当我练毛笔字，都觉得有个父亲的人影，站在我的身后……

父亲爱票戏，常拿着胡琴，坐在廊下自拉自唱，他最先教我一段苏三起解，后来被母亲说“什么男不男女不女的，怎么教孩子尖声尖气学苏三”？于是改教了大花脸，那词我还记得清楚：

“老虽老，我的须发老，上阵全凭马和刀……”

父亲有我已经是四十多岁，但是一直到他 51 岁过世，头上连一根白发都没有。他的照片至今仍挂在母亲的床头。82 岁的老母，常仰着脸，盯着他的照片说：“这么愈看愈不对劲儿！那么年轻，不像丈夫，倒像儿子了！”然后她便总是转过身来对我说：“要不是你爸爸早死，只怕你也成不了气候，不知被宠成什么样子！”

是的，在我记忆中，不曾听过父亲的半句叱责，也从未见过他不悦的表情。尤其记得有一次蚊子叮他，父亲明明发现了，却一直等到蚊子吸足了血才打。

母亲说：“看到了还不打？哪儿有这样的人？”

“等它吸饱了，飞不动了，才打得到。”父亲笑着说：“打到了，它才不会再去叮我儿子！”

32 年了，直到今天，每当我被蚊子叮到，总会想到我那慈祥的父亲，听到他啪地一声，也清清晰晰地看见他左臂上被打死的蚊子，和殷红的血迹……

赏析

“人生的旅途上，父亲只陪我度过最初的九年”，一个“只”字，多少遗憾！“但在我幼小的记忆中，却留下非常深刻的画面，清晰到即使在三十二年后的今天，父亲的音容仍仿佛在眼前。”三十多年的岁月涤荡了多少心灵的起伏，多少往事如烟云般消散殆尽，而“父亲的画面”却那样刻骨铭心，这是血脉相连、难以割舍的亲情。

接着，与父亲相处的画面便如陈年相册上一页页翻过的旧相片：“我”顺着父亲的腿溜到地下，父亲抱着“我”来回走动，“我”穿棉质汗衫时父亲心疼的目光，父子逛街后提前下三轮车，月下钓鱼，父亲给“我”讲故事、给“我”买书、教“我”写字、教“我”唱戏，父亲打蚊子……一幅幅画面、一件件琐事，自自然然，洒洒落落，事事含情，句句动人。请看“钓鱼”那一段吧：在暮色四合、倦鸟归林、晚风轻拂的竹林小径上，父亲载“我”穿过暮色，来到开满姜花的水滨，如同白银打成的鱼儿扭转着、拍打着，仿佛银粟飞射般激起一片片水花。淡淡姜花的香气，清凉的晚风，幽幽入耳的鱼铃，似有还无的吟唱，“我”沉醉、沉睡在这无边的夜、无边的爱间……多么诗意、多么恬静的夜晚，多么温馨、多么甜蜜的画面！这是父亲给“我”的感觉——馨香、晚风，无边的关爱。

还有这幅画面，也许不美，却感人至深——父亲宁可让蚊子叮自己的画面。“父亲明明发现了，却一直等到蚊子吸足了血才打”，因为“等它吸饱了，飞不动了，才打得到”。多么憨厚的父亲，多么傻气的行为，多么朴实的语言。拙中见情，“啪地一声”清脆得如同在耳边一样震动耳膜，“啪地一声”如同春雷凉笙触动每一颗纤细的心灵。那“殷红的血迹”留在父亲的左臂上，像一枚鲜红的徽章镌刻在作者心间，那浓得化不开的红色啊，一直在读者眼前晃动、晃动，直至晃出眼角的泪滴，晃出种种撩人的往事……

刘墉这篇回忆性散文，材料丰富，感情真挚，语言朴实，亲切自然，娓娓道来，可读性极强，表达了作者对父亲的回忆。亲情是一个永恒的话题：亲情是朱自清父亲的背影，是孟郊慈母手中的针线；亲情是王维“每逢佳节倍思亲”的感叹，是苏轼“但愿人长久”的祝愿……而刘墉的亲情是真切的，是凝重的，也是理性的，是听凭思潮自由奔放、听凭笔端任意流淌的，朴实中见灵秀，真情中显凝重，让我们不由得感觉“有爸爸多好”！不由得去捡拾记忆的彩贝，体味人世间那份至纯至真的美好情怀！

散文是性灵的闪光，是人对自然生存状态的思考。它作为一种心灵深处的声音，是人对自身生命的凝视，是人历经磨砺后的醒悟，它凭借自身的力量滋养精神，提升人格。刘墉这篇散文出自文集《漂泊人生》，他说：“我们乘着爱的船/渡过忘川之水/漂泊到这个世界/漂泊过爱的一生/又载满舍不下的爱/漂泊到来世。”刘墉的爱是大爱、是博爱：“世界充满了美，让我牵挂，充满了爱，让我放不下。”他对天地万物都心存感恩，何况血脉之情。

亲情是身心疲惫时通往家里的一条小径，是风雪寒夜里思念中的一股暖意，是全家围坐桌边时的满室饭香，是难以割舍、无以替代的血脉相连。让我们感谢刘墉，他让我们知道亲情比蓝天深邃、比原野辽阔、比泉水清澈。用心体会吧，只要你我用心体会，那么，有一种感觉会涤荡心间，那就是——幸福。

写日记的男孩[①]

毛小懋

导读

日记是言语生命的表达，是生命纯粹、干净、本真的表现，在日益制造化的尘世里，我们怎样才能走在人之为人的道路上呢？读读这篇小文，看能否找到自己的存在之道。

作品

那年夏天，我坐着通宵的火车，千里迢迢赶去岚山港，与一个熟悉的陌生人见面。那是一个女孩，我们一直在网上交谈，但是从未见过面。天亮的时候，我在一个简陋的海边旅馆住了下来，旅馆的玻璃门朝向大海。

老板娘是一个肥硕的女人，她有一个十多岁的儿子，长得膘肥体壮，声势骇人。当天傍晚，我趴在旅馆门前的沙滩上整理稿子，老板娘的儿子一瘸一拐地走了过来。

我饶有兴味地看着他，笑着问："你怎么了？"

男孩低着头不说话，在我旁边坐了下来。他坐得非常小心，斜斜地，只在沙滩上搁下了半个屁股，显然，他的屁股受伤了。看了看大海，他转过头来，随手拿起我的稿子，瞄了一眼。突然，他的小小的眼睛亮了："你也写日记吗？"

我摇摇头："我不写日记，我编日记。这些都是小学生的日记稿子，我是编辑。"

他的眼睛更亮了："真的吗？我也有很多日记的，你能给我看看吗？"说着，他突然停住了，自己先摇了摇头："不行，我的日记不能给外人看。"

"你的日记已经有隐私了吗？"我笑着说。

男孩皱着眉头说："也不是隐私，只不过……"顿了顿，他忽然问，"你有没有发现我的屁股很奇怪？"

"我早就发现了，你的屁股一定是让你妈揍过了。"

"不是，是我爸。"这个强壮的男孩攥紧了拳头说，"因为，昨天我把我们班的胡庆杰狠狠地揍了一顿，我把他的鼻子都打歪了。"

我欣赏着他的拳头，啧啧赞叹："瞧不出来，你还是一个狠角色。"

---

① 选自新浪博客（2009年10月19日），有改动。毛小懋，生于1984年，儿童文学作家。主要代表作有《嘻哈别字岛》《时光男孩米小扬》等。

“因为胡庆杰在走廊里骂我是掉进了茅坑里的猪。这个坏家伙嘴里天天臭得跟茅坑一样，我只能用拳头让他闭嘴了。”

“胡庆杰就告诉了你的爸爸？”

“没有。我的拳头很厉害的，他挨了我的揍，根本不敢跟别人讲，要不然，他下次挨的揍一定更结实。”

我很纳闷：“那你爸爸是怎么知道的？不会是你告诉他的吧？”

男孩扁了扁嘴角：“我才没有那么傻呢。尽管我爸爸的拳头还不如我的大，但是他揍人不用拳头，用笤帚。笤帚揍人可比拳头还要结实。”

“那么，这件事是不是还有第三者？”

“没有。不过，日记算不算第三者？嗯，我是说，我把这件事写进了日记，但是日记让我爸爸看见了。你知道的，每一个爸爸其实都有一把钥匙，能偷偷打开儿子的每一个抽屉。”

我一拍大腿：“嗨，你把它写进日记里干吗？”

男孩舔了舔干燥的嘴唇，接着说：“其实，我揍过很多很多人，做过很多很多坏事，没有人告密，但是我爸爸都通过我的日记知道了。唉，我每隔几天就要挨一顿暴揍。”

我发现原来那个叫胡庆杰的家伙说得不错，这个男孩确实笨得像一头猪，走路掉进了茅坑，脑子也不会拐一个弯。我尽量心平气和地说：“你很笨，你不写不就行了吗？”

男孩一脸的迷惑：“日记……不就是把自己每天的事都记下来吗？我们老师讲的，做过了的，就要记下来，不能隐瞒。”

我刚想嘲笑他，却忽然觉得心里的什么地方仿佛被什么东西撞了一下，很柔软的撞击，让我慢慢地怔住了。

“我说得不对吗？”男孩迎着我的目光，焦急地问。

我连忙说：“对，对。不过……”我再度陷入了犹豫。我想告诉他，不一定把所有的事都记下来才叫日记，但是我讲不出口。眼前的这个男孩正在忠实地记录他的人生，他是在做一件直面自己心灵的了不起的大事，我怎么能阻止他呢？

犹豫了很久，我终于问：“你为什么要写日记呢？”

男孩说：“我现在 12 岁，我想把我的日记一直记下去，一直记，一直记到我 80 岁的时候。你别笑，我知道像我这么壮的男人，一定能活到 80 岁。那时候，我肯定已经写了上千本日记，我要用最结实的木头打一个书架，把所有的日记都按照年代摆上去。那时候，我的头发胡子都白了，我就坐在沙发上，把一个扎着辫子的小姑娘叫过来，说，孙女，你帮我查一查，68 年前的 8 月 9 号，我做了什么。小姑娘帮我查了半天，奶声奶气地说，爷爷，那天你把胡庆杰狠狠地揍了一顿！”说着，这个壮男孩扶着自己的腰，把自己的屁股全部摆在沙滩上，“嘿嘿”地笑了起来。

我没有笑。尽管这个男孩是把这个梦想当笑话来讲的，我还是觉得他给我的心里带来了强烈的震撼。如果他真的把写日记的习惯一直坚持下去，而且从不在日记里撒谎，我想，他会成为一个非常了不起的人。即使他的命运会很黯淡，这本真诚的日记也会像一盏灯，照亮他的一生。

男孩看着我的眼睛，微笑着，小心地问："你觉得，我能写一辈子吗?"

我郑重地伸过手去，握着他的强健的手掌，结结实实地说："能。"

第二天一早，我骑着胖女人的自行车，朝灯塔走去。我和那个熟悉的陌生人约定在灯塔旁边的海滩上见面。三年来，我们一直互通书信，用最真诚的文字安静地交流着。如今终于要见面了，我真希望我们在互相看见的一瞬间，都能在彼此的眼睛里发现，我们没有说谎。

赏析

文章的开头，仿佛暗示，这里将讲述一个充满传奇色彩的故事。文章说："我在一个简陋的海边旅馆住了下来，旅馆的玻璃门朝向大海。"这不禁让我们想到海子写的那句著名的诗歌"面朝大海，春暖花开。"诚然，一个绝对的纯粹的人在现实中是那么地难以遇到，就像刘慈欣小说中的"三体人"一样。可每当遇到，我们就会在他的身上，感受到一股阳光明媚的力量。像文章中这个写日记的男孩，调皮，爱打架，我们却非常喜爱他。"面朝大海，春暖花开"，这个传奇的故事，暗喻了我们对"真"的追求。

初见小男孩，作者印象并不太好，老板娘"肥硕"，小男孩"膘肥体壮"，甚至有些"声势骇人"，是啊，油腻的中年妇女，守着一家海边旅馆，养着一个油腻的孩子，这一切都和浪漫不沾边。小男孩一瘸一拐地走来，带有几分搞笑，他的体格显然不是那种会轻易被别人欺负的人，现在却负着伤，而且还很熟练地知道要"小心、斜斜地""只在沙滩上搁下了半个屁股"，就这样，一大一小，两人坐在沙滩上，面朝大海，各有各的故事，伴着海浪的起伏、海风的湿咸越发显得美好。

一句"你也写日记吗"，成为俩人真正沟通的开始。作者把所有的感情都泼洒在这一部分文字里面。前文巧妙铺垫，让人急于解开"第三者"的身份。这些文字为下文作者的内心独白做了铺垫。当谜底揭开，作者"一拍大腿"，表明她是不赞成男孩把这些事情写进日记的。而这一细节，表明了我们的自欺：有选择地写日记。我突然想到鲁迅先生的《朝花夕拾》，他说那是"温馨的回忆和理性的批判"。我想，唯有像鲁迅先生那样拥有一颗"赤子之心"的人，才能做到对自己的理性批判。

《写日记的男孩》中的这个男孩就是这样一个人。他对作者给他"你不写不就行了吗"的建议，表示一脸的迷惑："日记……不就是把自己每天的事都记下来吗？我们老师讲的，做过了的，就要记下来，不能隐瞒。"引起小男孩迷惑的作者，这个身为编辑的成年人，这回被震撼到了。她没有想到自己会有幸遇到这样一个纯粹如那海上阳光一样的人。她心中或许也会有像我一样的感慨：难怪海子会把"春暖花开"的期望寄托在海边，或许只有被辽阔纯净的大海洗涤的心灵，才会如此干净透明吧。

后来，作者又记下了小男孩对未来的想象。这一部分，作者巧妙地将时空维度拨乱，让我们站在几十年后的时间里回忆现在，设想那时的男孩在自己的后代面前会如何扬扬得意。实际上作者想说的是：我们自己在几十年后将以何种心态来回忆现在。男孩在自己孙女面前的扬扬得意，像一道强烈的光，照进我们今天生活中的自欺欺人。作者期待，现代人都能够去坦诚面对自己。像《红与黑》中玛蒂尔德说的那样："沧海横流，我还是我。"唯有如此，当岁月归于平静，我们才会感受到生命的圆满。

总之，这是一篇充满传奇色彩的文章，或许读过很多天之后，我们才能咀嚼出它的美好。求真，是我们永恒的话题，也是我们一直在追求的东西。当然了，追求"真"的过程势必会遭遇一些挫折。就像文中的男孩子屡屡因为真实的日记被父亲揍一样。但执着于斯的人收获的一定是不凡的人生。《庄子·养生主》言曰："泽稚十步一啄，百步一饮，不蕲畜乎樊中。神虽王，不善也。"沼泽中的野鸡吃饭饮水都困难，但它却不祈求被养在笼子里。那在笼中精神旺盛的假象，并不足以掩饰内心的疲惫。我们的快乐，源自我们对自我的认知。当我们扪心自问，能够无愧于己、无愧于人时，那份翱翔天地间而心无挂碍的自由，将让我们沉醉。

《广东新语》自序①

屈大均

导读

屈大均，广东番禺沙亭人，明末清初著名文学家、学者，诗文尤著，与顺德陈恭尹、南海梁佩兰并称“岭南三大家”。生当明清鼎革之际，从陈邦彦起兵抗清。往来吴越、幽燕、荆楚、秦晋，访前明遗址，寻志节之士，与顾炎武、朱彝尊皆有交。知事无可为，归粤不复出，专意著述。为存明末志士事迹，著《皇明四朝成仁录》；为存家乡先哲文献，编《广东文选》；为述家乡天文地理、经济物产、人物风俗，补《广东通志》之阙，著《广东新语》。屈大均才气横溢，潜心著述，虽屡遭禁毁（乾隆谕称“屈大均悖逆诗文，久经毁禁”），著作仍余三十种可考。20世纪90年代，《屈大均全集》出版，存录《翁山易外》《四书补注兼考》《皇明四朝成仁录》《永安县次志》《广东新语》《翁山文外》《翁山文抄》《翁山诗外》凡八种。《广东新语》独具特色，别有深意，绝非随意为之的一般文人史志笔记，是屈大均反抗精神、故国情怀的学术性表达。《广东新语》自序一文，文短意深，于平淡中蕴蓄哲理，流露桑梓深情。

作品

《广东新语》一书，何为而作也？屈子曰：“予尝游于四方，闳览博物之君子，多就予而问焉。予举广东十郡所见所闻，平昔识之于已者，悉与之语。语既多，茫无端绪，因诠次之而成书也。”或曰：“子所言止于父母之邦，不过一乡一国，其语为小。”予曰：“不然。今夫言天者，言其昭昭，而其无穷见矣。言地者，言其一撮土，而其广厚见矣。言山言水者，言其一卷石，言其一勺，而其广大与不测见矣。夫无穷不在无穷，而在昭昭；广厚不在广厚，而在一撮土；广大不在广大，而在一卷石；不测不在不测，而在一勺。”故曰：“语小天下莫能破焉。”夫道无小大，大而天下，小而一乡一国，有不语，语则无小不大。然而何以“新”为名也？曰：“吾闻之君子知新，吾于《广东通志》，略其旧而新是详，旧十三而新十七，故曰《新语》。”《国语》为《春秋外传》，《世说》为《晋书》外史，是书则广东之外志也。不出乎广东之内，而

① 选自《广东新语》（中华书局，1985年版）。屈大均（1630—1696），初名邵龙，又名邵隆，号非池，字骚余，又字翁山、介子，号莱圃。明末清初学者、诗人。主要代表作有《翁山诗外》《翁山文外》《翁山易外》等。

有以见夫广东之外。虽广东之外志，而广大精微，可以范围天下而不过。知言之君子，必不徒以为可补《交广春秋》与《南裔异物志》之阙也。书成，自《天语》至于《怪语》，凡为二十八卷，中间未尽雅驯，则嗜奇尚异之失，予之过也。

赏析

生长于斯之地，即故土。故土之于人，如树根之于落叶。南宋绍兴间，屈大均先祖自关中迁居广东，世居番禺沙亭。于屈大均而言，番禺沙亭就是他生长于斯的故乡。屈大均16岁那年，清军入南京，执弘光帝杀之。次年，清军入广州，执邵武帝杀之，大肆屠城。危朝乱世之际，故乡深陷腥风血雨之中。屈大均心怀忠愤，跟随陈邦彦起兵抗清。后二年，奉父命赴肇庆，向永历帝上《中兴六大典书》。父殁后，飘然远游三十余年，往来吴越、幽燕、齐鲁、荆楚、秦晋诸地，寻访前明遗址，结交志节之士，图谋恢复。直至事不可为，归粤不复出，潜心著述。

《广东新语》一书，成书于康熙十七年（1678），屈大均时年49岁，仍在北上往还游历中。此书凡二十八卷，列天、地、山、水、石、神、人、女、事、学、文、诗、艺、食、货、器、宫、舟、坟、禽、兽、鳞、介、虫、木、香、草、怪二十八语，分类而述，包罗万象。《广东新语》自序一文，作于同一年，先述写作源起，次述命名用意，末述成书意义。

关于写作源起，谓早年北游，遇四方君子就问广东见闻，茫无端绪，诠次成此书；或有人不屑，谓仅述一乡一国。屈大均的一番回答，既含哲理，亦蕴深情："今夫言天者，言其昭昭，而其无穷见矣。言地者，言其一撮土，而其广厚见矣。言山言水者，言其一卷石，言其一勺，而其广大与不测见矣。夫无穷不在无穷，而在昭昭；广厚不在广厚，而在一撮土；广大不在广大，而在一卷石；不测不在不测，而在一勺"，"语小天下莫能破焉"。短短诸语，从哲学角度，述尽天下宇宙小与大，可测与不测，昭昭与无穷之间的辩证关系。天地虽广大宽厚，河海虽浩渺无边，目力可及者，仍在眼前一撮土、一卷石、一勺水。无穷不可见，可见者唯眼前之昭昭。又谓"夫道无小大，大而天下，小而一乡一国，有不语，语则无小不大"，推而论之，虽述一乡一国之事物，亦可见天下大道，表现出著述《广东新语》一书的坚定自信和自豪。

故土之思，人皆有之，漂泊、羁旅之人为甚。屈大均目睹清军入广州，血雨腥风，生灵涂炭，起兵不成，始远游，图恢复。此时的故土，处异族统治之下。于地域而言，广东自古偏于岭南一隅。于文化而言，明末清初的广东，再次成为中华文明悬于一线的最后一隅。特殊的历史遭际，赋予了屈大均故土之思的双层意蕴，对家乡的依恋、对中华传统文化的深情相互交织在一起，在黯淡的时代背景里熠熠生辉。

桑梓深情的书写，可以用诗文创作的形式，亦可以用学术著述的形式。正如左鹏军师《屈大均〈广东新语〉的诗性精神与文化寄托》一文指出，处清朝文禁渐严之时，《广东新语》的写作，深蕴着浓重情感、乡邦情怀和时代感慨。如"地语"一条，述海门、厓门、南澳、西场等四十余条，似随意铺排，实精心抉择。其中“厓门”一条，述宋末厓山海战事，谓“波涛之下，有神华在焉”，彰表宋末君臣气节。又如“学语”一条，述白沙、甘泉之学，谓“孔孟之学在濂溪，而濂溪之学在白沙，非仅一邦之幸”，彰显广东先哲深远影响。

为保存家乡文献，屈大均曾辑《广东文选》，序曰：“嗟夫！广东者，吾之乡也。不能述吾之乡，不可以述天下。”屈大均还曾撰《广东文集》，因卷帙浩繁，未能付梓。《广东新语》“文语”以《广东文集》为首，亦录其序曰：“广东居天下之南”，“天下之文明至斯而极”，“广东者，吾之乡也。一桑梓且犹恭敬，况于文章之美乎”。不论《广东新语》《广东文选》或《广东文集》，诸书撰写和自序，皆流露出屈大均对家乡广东的一往情深。

桑梓深情，人皆有之。对家乡的眷恋，在一方土地，更在一种文化。在风雨飘摇、动荡不安的年代，抗击异族侵略、保卫家乡的勇气和行动，是热爱故土的体现。在祖国蒸蒸日上、和平安宁的今天，又应以怎样的情怀和行动，践行对家乡的热爱和眷恋？明末清初广东乡贤屈大均，用毕生行止和著述，给出了人们另一种值得深思和回味的答案。

推荐书目

1.《致加西亚的信》

推荐理由：它是一本小册子，在美国一经产生，一周内便卖出300万册，以后呈几何状增加。有一次，一个俄罗斯代表团到美国访问，发现很多人手中都有一个小册子，出于好奇，回去的时候就买了一本，俄文版的就这样产生了。日俄战争爆发，日本兵在很多俄罗斯战死士兵的口袋里都发现一本小册子，就当作密码本带回了日本，于是日文版的就产生了。那么，这个小册子到底有多大魔力呢？它是忠诚、智慧、意志的榜样化身，读后它会悄无声息地给你一切，能够使你发现你自己，并渴望成为给加西亚送信的“人”。

2.《安妮·莎利文教育手记》

推荐理由：如果找榜样，我们不妨将莎利文老师引为楷模。倾其一生，她为美国培养了海伦·凯勒这位传奇英雄。仅此一点，足以令人肃然起敬。

拓展链接

1. 陈丹青《笑谈大先生》
2. 袁昌英《朴朗吟教授》
3. 季羡林《回忆雨僧先生》
4. 余秋雨《苏东坡突围》
5. 诸葛亮《出师表》

6. 魏徵《谏太宗十思疏》
7. 林语堂《〈苏东坡传〉序》
8. 林庚《盛唐气象》
9. 祖慰《赫赫而无名的人生》
10. 齐邦媛《朱光潜先生的英诗课》
11. 茨威格《托尔斯泰传》

奇 思 妙 想

想象是创造的先导，是人类腾飞的翅膀。本单元中选取的六位作家的作品从天上到人间，从事物到人物，从现实到未来，驰骋想象，奇妙无比。这些想象植根于现实生活，包含哲理，给人以启迪。想象类文章的故事情节非常新奇，同时借助比喻、拟人、夸张、对比等表现手法，往往能引起我们丰富的联想。

有人弄乱了这些玫瑰[①]

［哥伦比亚］加夫列尔·加西亚·马尔克斯　陶玉平译

导 读

《有人弄乱了这些玫瑰》可能不是马尔克斯最杰出的短篇小说，但它最能代表马尔克斯抒情而又匪夷所思的叙事风格。

作 品

今天是星期天，雨停了，我想选几朵红色的和白色的玫瑰花带到我的墓地去，这些玫瑰花是她为祭坛做花环而种的。今年冬天沉闷得令人害怕，雨后的早晨充满了凄凉的情景，我不禁想起镇上埋死尸的那座山头。那是片光秃秃的坡地，看不见树木，一阵风过后，偶尔会飘来几朵树绒。雨停后，晌午的太阳肯定会把山坡上泥泞的土地

① 选自《蓝狗的眼睛》（南海出版社，2015 年版），有改动。加夫列尔·加西亚·马尔克斯（1927—2014），哥伦比亚作家、记者和社会活动家，拉丁美洲魔幻现实主义文学的代表人物，20 世纪最有影响力的作家之一，1982 年诺贝尔文学奖得主。主要代表作有《百年孤独》（1967）、《霍乱时期的爱情》（1985）等。

晒干，不仅如此，它还会一直钻进我的墓穴里，使我幼小的躯体腐烂，与昆虫壳和草根混杂在一起。

我曾想飞上祭坛摘下几朵最鲜艳的玫瑰花，但是我失败了。她跪在神像前，从我第一次遭遇到失败后，她就一直全神贯注地跪在那里。也许今天我能成功。但是灯光一闪一闪的，她从沉思中惊醒，抬起头来看了看墙角，椅子就在那儿。她肯定在想："又刮风了。"因为这时祭坛上发出"吱吱"的响声，房子也晃动了一下，仿佛多少时间以来，已经沉淀在她脑中的记忆又翻腾起来。这时我明白了，摘玫瑰花得另选时机，因为她依然警觉地看着椅子，我的手从她脸边经过时，她会察觉到的。我应该再等一会，她会离开这里，到隔壁房间去睡午觉。每到星期天，这午觉她是必睡无疑的。只有那时，我才有可能带着玫瑰花出去，并且在她回到房间里看着椅子之前回来。

上星期天的情况特别糟糕，我几乎等了两个小时，她才定下心来。她似乎有点急躁不安，疑虑重重，为自己在家里的寂寞即将被打破的念头，搞得心烦意乱。她手里拿着一束玫瑰花，还没放到祭坛上，在屋里转来转去。接着，她来到走廊上，又转身进了隔壁房间，我知道她在找灯。过了一会，她朝门外走去。借着走廊上的亮光，我看见她穿着深色外衣和粉红色的袜子，我觉得她还是四十年前那个在这间屋里扑倒在我床上的小姑娘。当时她对我说："已经在你的眼中放了小棍，看，你的眼睛真大，真圆。"一切都没有变，从那个遥远的八月的一天下午起，时间仿佛凝固了。那天下午，那些女人把她带进房间，让她看了看尸体，对她说："哭吧！他就是你的哥哥！"她扑在墙上，顺从地哭成一个泪人儿。

约有三四个星期天了，我都想拿些玫瑰花，但是，她很警觉地站在祭坛前专心致志地守护着，她在家住的二十年中，我从未见她那么专心过。上星期天，趁她出去找灯时，我用最好看的玫瑰花做了一个花束，于是感到比以往更有可能实现自己的愿望了。但是，当我准备回到椅子那里时，忽然听到走廊上传来了脚步声，我赶紧又把花插回祭坛上。这时，我看见门口出现了她举着灯的身影。

她穿着深色外套和粉色袜子，在她脸上有一道类似曝光时的亮光。亮光下她不像在花园里种了二十年玫瑰的妇人，而依然像八月的那一天下午被人领到隔壁房间去换衣服的小姑娘。现在，二十年之后，她拿着灯回来了，胖了一些也苍老了一些。

我的鞋已在不曾生火的炉子边烤了二十年，但是，那天下午粘上的泥块却还没有脱落。那天我去找鞋，大门已经关闭，挂在门框上的面包和芦苇条也已取下，家具都已搬走了，全都搬走了，只留下墙角的那把让我终日坐在上面消磨时光的椅子。我知道在烤鞋子，他们离家的时候都忘了拿鞋，所以我得回去找。

过了许多年，她回来了。时间久了，房间里的麝香味和尘埃味以及一股昆虫的刺鼻的臭味搅在一起。房间里只剩我一人，坐在那里等待着。我能听到木头腐烂时发出的声音，以及在房门紧闭的卧室里变得日益陈旧的空气的振动声。她就在这个时候回来了。她出现在门口，手里提着一只箱子，头戴一顶绿色的帽子，身穿一件从那时起就不曾脱下来的布外衣。那时她还是个小姑娘，还没有发胖，腿肚子也不像现在那样显得如此臃肿。她推开门进来时，我身上布满尘埃和蜘蛛网，曾经在房间的某个角落里唱了二十年的蟋蟀，忽然也哑然无声了。尽管如此，尽管我身上满是尘土和蜘蛛网，尽管蟋蟀突然停止了歌唱，尽管来人的年龄已经增长，我还是认出了她，那个在八月一个风雨交加的下午陪我去马厩掏鸟窝的小姑娘。她站在门口，手里提着箱子，头顶绿色小帽。这副模样仿佛她马上就会叫出声来，要把那天下午说过的话再重复一遍。那天下午，当他们赶来时，我手里抓着折断的梯子，已经仰面躺在马厩里的草地上了。她把门完全推开，门上的合页吱纽响了一声。像有人在屋顶敲了一下似的，天花板上的尘埃扑通扑通往下掉。她在门口犹豫了一下，随即探进半个身子看了看房间，像是要叫醒睡梦中的人那样叫了两声："孩子，孩子！"我仍旧安然地坐在椅子里，两条腿伸得笔直。我原以为她是回来看房子的，但是，她在家里住下了。她把房间的门窗打开，房间里又充满了麝香味，就像箱子打开后那样。原来的家具和衣箱里的衣服都被搬走了，她也带走了房间里的气味。二十年后，她又把气味带了回来。她按照原来的样子修复了祭坛。只要她回来，哪怕只是一个人，也足以修复这被无情的时间打破的世界。从此后，她除了在隔壁房间吃饭睡觉外，其他时间都在这里，默默地和圣神交谈。下午她靠着门坐在椅子上，边做针线边卖花。她缝衣服时总是在椅子上摇呀摇地，当有人来买玫瑰花时，她总是把钱放进腰带上的小布包里，她总是用同样的话说道："从右边拿吧，左边的花是给圣神准备的。"

她就这样在摇椅里坐了二十年，摇摇晃晃，缝缝补补，间或瞧一瞧墙角的椅子，好像她现在照看的不是和她一起度过童年的兄长，而是一个身体残废了的、比奶奶还要年长的始终坐在墙角椅子上的小孙子。

我低下头想到，这次也许能碰到玫瑰花。如果我能拿到花，就将它拿到山坡上去，插到自己的坟头上，然后再回到我的椅子里，直到有一天她不再来这里，隔壁房间也不再有声音。当这一天来到的时候，眼前的一切都会变的。我必须再次跑出去，告诉人们，那个卖玫瑰花的女人，那个住在破屋里的女人，需要几条汉子将她抬到山坡上，到那时我将永远地一个人留在房间里。不过，她会感到满意地，因为她将知道，每个星期天到她的祭坛上弄乱玫瑰花的，不仅仅是摸不着看不见的风。

赏析

这篇小说我读了不止十次，每一次阅读似乎都会有新的疑惑，这可能是由于对小说文化背景的不熟悉造成的，也可能是作者有意而为的结果。但每一次阅读，都让我在作者营造的情感世界里久久徘徊不得离开，也让我对马尔克斯的叙事能力深深叹服。

这篇小说叙事模式的成功原因可能主要有如下两点：

其一，双重插叙弄乱的时间流程，让小说扑朔迷离，耐人寻味。

我们先来还原这篇小说的时间顺序：童年的"我"和妹妹去掏鸟蛋，摔下梯子离开人世，化为了魂灵，妹妹被大人们领来跟"我"道别，"我"被埋葬在镇上埋死尸的那座山头，家人在“我”死后匆忙搬了家，“我”发现自己忘了拿鞋子跑回家，发现家具都搬走了，只剩下“我”那双沾着泥巴的鞋子和“我”终日坐着消磨时光的椅子，后来“我”应该是不时从荒凉的坟地回到家里的，二十年过去了，妹妹突然回来并住下，她种玫瑰，卖玫瑰，用玫瑰祭神，经常会望一望“我”常坐的那把椅子，就这样阴阳相隔着，“我”守望着她，她怀念着“我”。直到妹妹回来后的第二十个年头的冬天，“我”无法忍受坟头的荒凉，决定选几朵她放在祭坛的玫瑰去驱除坟地的荒凉，又怕妹妹发现，于是利用她星期天午觉的时光去取玫瑰，但好几个星期天都失败了，因为妹妹似乎有所警觉，她专心致志地看护着祭坛的玫瑰，直到今天“我”依然在努力，“我”想如果我能弄到玫瑰，装饰坟头后我依然会回来，直到妹妹去世，她就知道弄乱玫瑰的是“我”而不是风。

如果故事是这么讲出来的，那么它注定是平庸的，但马尔克斯用上了他一直擅长的时间魔法——双（多）层插叙法——将一切打乱，这双层包括近距离时间和远距离时间的插叙。第一层是在“我”今日取玫瑰花的过程中插入了近几个星期天取不成的片段，这一时间的打乱，让疑虑纷至沓来：“我”是谁？她是谁？“我”为什么取不成玫瑰花？最终取成了吗？……第二层是在第一层里插叙里再分散插入四十年的故事，这一层的插序一边消除我们的疑虑一边又不停地加深我们的疑虑，而此刻玫瑰花好像已不再重要，重要的是：这四十年里“我”和妹妹之间如何相处？妹妹能否感受到我的存在？“我”和妹妹之间是一种什么样的感情？双重的时间交缠在“我”的意识流里，让人欲罢不能，不停地瞻前顾后，怕漏掉任何一点文字。

而更关键的是作者为我们开出了一条被打乱的时间曲径，并不是要让我们通往灵异的世界；而是要把我们带进一个悲欣交集的亲情家园，让我们去感受人与人之间的相互依恋的哀伤与美好，又把我们带进一个弯曲的心理时空，让我们去看到人物的过去、现在和未来。

其二，小说采用了孩童的有限视角和第一人称来叙述，使小说产生更大的感想可能（包括想象空间）。

故事的制造者、推动者和讲述者“我”被死亡凝固在童真的世界里，“我”看待世界的目光既带有自身的局限，又带着固化的童真。

因为有限，所以“我”不知道妹妹在离开我的这二十年经历了什么，也不知道妹妹为什么要回到老家，为什么要每天祭神，为什么要不时望向“我”以前常坐的椅子，为什么要那么专心致志地守护她的玫瑰花……有限是通往隐秘与多义的有效手段，反而产生无中生有的效果，因有限而产生无限的可能，大大丰富了小说人物和主题的内涵，并可做见仁见智的解读。

因为凝固，所以“我”会从一个孩童的角度去体察一切变化。其中，妹妹的变化写得很出色。从和我掏鸟窝为我哭泣的小姑娘到二十年后归来变化不大的大姑娘到在家种了二十年玫瑰后日渐苍老的妇人，妹妹的生命体征在变化，而她的心灵也随之变化——从悲戚到激动到平淡虔诚笃定，且她与“我”的关系似乎也发生了变化——从

“我”关爱的小妹妹到怀念“我”而唤“我”为“孩子”的妈妈到陪伴关爱“我”的老奶奶。而环境的变化的也值得一提，从家人离开后家里的虫唱声声到妹妹归来后虫唱的消失，从阵阵陈腐气息到带着麝香味的家的味道，环境的变化让人如入其境。人物的变化承载着人生的思索，环境的变化映衬了人物的形象。而这些变化需要一个凝固的视角，唯有凝固，才能做到自然而深致。

另外，小说标题的视角也是有意思的，“有人弄乱了玫瑰花”，它貌似全知视角，但仔细一辨，似乎又可以有三种视角可能——妹妹的、读者的和“我”的。如果是妹妹的或读者的，就充满了悬念的意味；如果是“我”的，则充满着童趣，且可让一个有点顽皮的童年幽灵跃然纸上。这样的标题像几个轻巧的清音，拉开了抒情而匪夷所思的演奏。

魔幻现实主义有时很容易成为很蠢的文学，一旦沉迷于手段，就很可能会变成自动写作，但马尔克斯像一个技艺高超而充满感情的琴师，因为他的想象模式无所不能而又合情合理。

假如我有九条命[①]

余光中

导读

余光中的散文充满奇思妙想，带有很强的诗性韵味，《假如我有九条命》就带有这样的特点。

作品

假如我有九条命，就好了。

一条命，就可以专门应付现实的生活。苦命的丹麦王子说过：既有肉身，就注定要承受与生俱来的千般惊扰。现代人最烦的一件事，莫过于办手续；办手续最烦的一面莫过于填表格。表格愈大愈好填，但要整理和保存，却愈小愈方便。表格是机关发的，当然力求其小，于是申请人得在四根牙签就塞满了的细长格子里，填下自己的地址。许多人的地址都是节外生枝，街外有巷，巷中有弄，门牌还有几号之几，不知怎么填得进去。这时填表人真希望自己是神，能把须弥纳入芥子，或者只要在格中填上两个字："天堂"。一张表填完了，又来一张，上面还有密密麻麻的各条说明，必须皱眉细阅。至于照片、印章，以及各种证件的号码，更是缺一不可。于是半条命已去了，剩下的半条勉强可以用来回信和开会，假如你找得到相关的来信，受得了邻座的烟熏。

一条命，有心留在台北的老宅，陪伴父亲和岳母。父亲年逾九十，右眼失明，左眼不清。他原是最外倾好动的人，喜欢与乡亲契阔谈宴，现在却坐困在半昧不明的寂寞世界里，出不得门，只能追忆冥隔了二十七年的亡妻，怀念分散在外地的子媳和孙女。岳母也已过了八十，五年前断腿至今，步履不再稳便，却能勉力以蹒跚之身，照顾旁边的朦胧之人。她原是我的姨母，家母亡故以来，她便迁来同住，主持失去了主妇之家的琐务，对我的殷殷照拂，情如半母，使我常常感念天无绝人之路，我失去了母亲，神却再补我一个。

一条命，用来做丈夫和爸爸。世界上大概很少全职的丈夫，男人忙于外务，做这

---

① 选自《心灵甘泉》（中国档案出版社，2004 年版），有改动。余光中（1928—2017），当代著名作家、诗人、学者、翻译家。余光中一生从事诗歌、散文、评论、翻译，自称为自己写作的"四度空间"，被誉为文坛的"璀璨五彩笔"。主要代表作有《白玉苦瓜》《记忆像铁轨一样长》《分水岭上：余光中评论文集》等。

件事不过是兼差。女人做妻子，往往却是专职。女人填表，可以自称“主妇”（housewife），却从未见过男人自称“主夫”（househusband）。一个人有好太太，必定是天意，这样的神恩应该细加体会，切勿视为当然。我觉得自己做丈夫比做爸爸要称职一点，原因正是有个好太太。做母亲的既然那么能干而又负责，做父亲的也就乐得“垂拱而治”了。所以我家实行的是总理制，我只是合照上那位俨然的元首。四个女儿天各一方，负责通信、打电话的是母亲，做父亲的总是在忙别的事情，只在心底默默怀念着她们。

一条命，用来做朋友。中国的“旧男人”做丈夫虽然只是兼职，但是做起朋友来却是专任。妻子如果成全丈夫，让他仗义疏财，去做一个漂亮的朋友，“江湖人称小孟尝”，便能赢得贤名。这种有友无妻的作风，“新男人”当然不取。不过新男人也不能遗世独立，不交朋友。要表现得“够朋友”，就得有闲、有钱，才能近悦远来。穷忙的人怎敢放手去交游？我不算太穷，却穷于时间，在“够朋友”上面只敢维持低姿态，大半仅是应战。跟身边的朋友打完消耗战，再无余力和远方的朋友隔海越洲，维持庞大的通讯网了。演成近交而不远攻的局面，虽云目光如豆，却也由于鞭长莫及。

一条命，用来读书。世界上的书太多了，古人的书尚未读通三卷两帙，今人的书又汹涌而来，将人淹没。谁要是能把朋友题赠的大著通通读完，在斯文圈里就称得上是圣人了。有人读书，是纵情任性地乱读，只读自己喜欢的书，也能成为名士。有人呢是苦心孤诣地精读，只读名门正派的书，立志成为通儒。我呢，论狂放不敢做名士，论修养不够做通儒，有点不上不下。要是我不写作，就可以规规矩矩地治学；或者不教书，就可以痛痛快快地读书。假如有一条命专供读书，当然就无所谓了。

书要教得好，也要全力以赴，不能随便。老师考学生，毕竟范围有限，题目有形。学生考老师，往往无限又无形。上课之前要备课，下课之后要阅卷，这一切都还有限。倒是在教室以外和学生闲谈问答之间，更能发挥“人师”之功，在“教”外施“化”。常言“名师出高徒”，未必尽然。老师太有名了，便忙于外务，席不暇暖，怎能即之也温？倒是有一些老师“博学而无所成名”，能经常与学生接触，产生实效。

另一条命应该完全用来写作。台湾的作家极少是专业，大半另有正职。我的正职是教书，幸而所教与所写颇有相通之处，不至于互相排斥。以前在台湾，我日间教英文，夜间写中文，颇能并行不悖。后来在香港，我日间教三十年代文学，夜间写八十年代文学，也可以各行其是。不过艺术是需要全神投入的活动，没有一位兼职然而认真的艺术家不把艺术放在主位。鲁本斯任荷兰驻西班牙大使，每天下午在御花园里作画。一位侍臣在园中走过，说道：“哟，外交家有时也画几张画消遣呢。”鲁本斯答道：“错了，艺术家有时为了消遣，也办点外交。”陆游诗云：“看渠胸次隘宇宙，惜哉千万不一施。空回英概入笔墨，生民清庙非唐诗。向令天开太宗业，马周遇合非公谁？后世但作诗人看，使我抚几空嗟咨。”陆游认为杜甫之才应立功，而不应仅仅立言，看法和鲁本斯正好相反。我赞成鲁本斯的看法，认为立言已足自豪。鲁本斯所以传后，是由于他的艺术，不是他的外交。

一条命，专门用来旅行。我认为没有人不喜欢到处去看看：多看他人，多阅他乡，不但可以认识世界，亦可以认识自己。有人旅行是乘豪华邮轮，谢灵运再世大概也会如此。有人背负行囊，翻山越岭。有人骑自行车环游天下。这些都令我羡慕。我所优为的，却是驾车长征，去看天涯海角。我的太太比我更爱旅行，所以夫妻两人正好互作旅伴，这一点只怕徐霞客也要艳羡。不过徐霞客是大旅行家、大探险家，我们，只是浅游而已。

最后还剩一条命，用来从从容容地过日子，看花开花谢，人往人来，并不特别要追求什么，也不被“截止日期”所追迫。

赏析

人们常说：“猫有九条命。”言下之意是猫的生命力顽强。余光中先生大约也出于对生命力的感触，写下《假如我有九条命》这篇散文。

一个面对生活诸多事务的人，难免寄希望于想象。余光中先生的这篇充满想象力的文章，细究一下，其实是谈人生必须面对诸多问题的“心”。

一是应对生活的心。生活和工作的烦琐，却又不得不打起精神应对，这也是生活的首要，没有一份对生活的耐心，就会疲于应对。

一是孝敬父母的心。对父母的感念和陪伴是一个子女的职责，孔子说：“子欲养而亲不待”，在这里余光中告诫自己，也告诫他人：珍惜父母在的日子，用心陪伴。

一是陪伴妻女的心。妻贤夫闲，一个“贤”字，包含着对妻子对家庭付出的理解和感激，也有对女儿们陪伴不够的愧疚之情。

一是做朋友的心。一个人，愿意将生命中重要的一条命分给朋友，又可见其是至情之人。

一是读书的心。一个喜欢阅读的人，在阅读中过的是几辈子的人生。一个作家更是如此，在阅读中深刻，收获。

一是教书育人的心。余光中先生并没有将他教书育人的职责放在生活必须应对的事务中，而是单独罗列开来，并讲到喜欢与学生课堂之外的交流，是“教”外施“化”，一个老师对学生的影响，常常是在课外的交流点滴之中。

一是写作的心。喜欢写作的人，必然会觉得时间不够用，它是属于一个人的爱好时间，孤独地完成自己的时间。像余光中这样左手写诗、右手写文的作家，写作是一件持续而不能结束的事。他说：“艺术是需要全神投入的活动。”

一是旅行的心。读书人都有一种“读万卷书，行万里路”的想法，更想付诸行动。而且他将自己与谢灵运和徐霞客并提，更见其志向。

最后一条命，他要用来过恬淡的生活。从容平淡过生活，和面对生活中的必死。

余光中的这篇散文，九条命缘于九种心愿，由此可见实际是谈他自己必须面对的方方面面的生活，既有肉身的困扰，也有精神的需求；既有对外的日常应对，又有面对自己的内心需求，这些构成了一个人的生活总和。

读这篇文章，余光中处处说："假如有一条命，我要用……"但人是没有那么多条命可以期待，尽量周全，无法周全，便要取舍。我倒是对余光中先生有另一种期待，若续写后面部分，"可惜我没有九条命"只能一条一条地减，他又会做怎样的减法呢？

本文结构严谨，又体现他丰富的想象力，风趣而充满想象力的余光中，让人想起他的另一篇散文《我的四个假想敌》，也同样想象了未来的四个女婿，诙谐有趣地写出他对女儿们成长的不舍和矛盾的心理。

快乐王子[1]

［爱尔兰］奥斯卡·王尔德

导读

唯美主义反对用艺术来载道，主张为艺术而艺术，认为不是艺术模仿生活，而是生活模仿了艺术。“美”才是艺术的本质，艺术作品只能用艺术的标准来评价。王尔德以剧作、诗歌、童话和小说闻名，其行为特立独立，言论标新立异，颇惹争议。《快乐王子》收录于王尔德《快乐王子及其他故事》中，是王尔德的童话代表作。

作品

快乐王子的雕像高高耸立在城市上空。他满身金片，有一对蓝宝石眼睛，还有一颗大红宝石嵌在剑柄上，灿烂发光。

秋天，有一只燕子耽误了行期。一天晚上，它来到了这个城市，停在快乐王子两只脚中间。它打算睡觉，可刚把头伸到翅膀下，忽然一滴水落到它身上，接着又落下一滴来。燕子仰头一看，只见快乐王子眼泪汪汪，泪珠沿着金黄的脸颊流下来。他的脸在月光里显得那么美，小燕子心里充满了怜悯。

“快乐王子，你为什么哭?”

“从前我住在无愁宫里，悲哀进不去。臣子称我快乐王子。我死后，他们把我竖在这里，让我看到这个城市的丑恶和穷苦，我忍不住要哭。”

王子说有一个女裁缝，人很瘦，脸带病容，手指头上尽是针眼。她正在给一个宫女做跳舞裙，她的小孩正在发烧，嚷着要吃橙子，母亲没钱，只能给他喝凉水。王子让小燕子把他剑柄上的红宝石送给裁缝。小燕子不肯，还说它不喜欢小孩，小孩们常常丢石头打它。王子再三求它，因为裁缝的孩子渴得太厉害。快乐王子忧愁的面容终于叫小燕子的心软下来。

燕子从王子剑柄上啄下大红宝石，衔到裁缝家里。小孩正在床上翻来覆去，母亲太疲倦，已经睡熟。燕子跳进窗里，把红宝石放在女裁缝的身旁。它又绕着床飞了一阵，用翅膀替小孩扇风。孩子说：“好凉快，我一定会好起来。”接着便沉沉地睡了过

---

① 选自《快乐王子》（福建少年儿童出版社，2002 年版），有改动。奥斯卡·王尔德（1854—1900），出生于爱尔兰都柏林，是 19 世纪唯美主义的代表人物，主要代表作有《道林·格雷的画像》《不可儿戏》等。

去，睡得很甜。

燕子跟快乐王子讲起它做的事，还说：“奇怪，天这么冷，我却觉得很暖和。”

“那是因为你做了一件好事。”王子说。

燕子天亮以后飞下河，洗了个澡，然后去参观城里的公共纪念物，还在教堂尖顶上坐了好一阵。月亮升起时，它飞回去向快乐王子告别。

快乐王子求燕子再陪他过一夜，说城那边有个年轻人住在顶楼上埋头写一个剧本，可他太冷，不能再写一个字，炉子里没有火，他又饿得头昏眼花。好心肠的燕子问快乐王子，要不要给年轻人送块红宝石去。

“唉，我现在没有红宝石了，只剩下一对蓝宝石眼睛，你取出一颗给他送去，他能换钱买食物、买木柴，写完剧本。”

燕子哭了起来，不肯啄他的眼睛。王子再三央求，燕子才取出王子的一只眼睛给年轻人送去。年轻人很高兴，因为他可以写完剧本了。

第二天夜里，燕子又来向快乐王子告别，说来年春天一定给王子带来两粒美丽的宝石，红宝石比玫瑰更红，蓝宝石比大海更蓝。

可王子求燕子把他的另一只眼睛也取下来，送给广场上卖火柴的小女孩。小女孩把火柴掉在了沟里，如果她不带点钱回家，父亲会打她的。她没有鞋，没有袜，头上也没有帽子。她有了蓝宝石，父亲便不会打她了。

“我愿意陪你再过一夜。”燕子说，“我却不能取下你的另一只眼睛，让你变成瞎子。”

王子连声央求燕子，说：“你就照我的吩咐去做吧。”

燕子取下王子的另一只眼睛，飞到广场上，把宝石轻轻放在女孩的手掌心里。“好漂亮！”小女孩笑着跑回家去。

燕子回到王子那儿。它说：“你现在瞎了，我要永远跟你在一起。”快乐王子让小燕子在这个城市的上空转一圈，看看人们的苦难。燕子照他的话去做，回来给他讲了许多富人作乐、穷人挨饿的故事。最可怜的是两个饥饿的孩子躺在桥洞下，紧紧搂在一起，互相取暖。谁知看守来了，还是把他们赶到雨里去了。

王子让小燕子啄下身上一片片纯金片去送给穷人。这下小孩们的脸上出现了红润，大街上也能听到笑声了。

可怜的小燕子觉得一天比一天冷，但它不肯离开王子，它太爱王子了。它饿了，在面包店门口啄面包屑；冷了，拍拍翅膀取暖。王子让它到埃及去，可它没有一点力气，只吻了吻快乐王子的嘴唇，便跌在他脚下死了。

快乐王子雕像的内部忽然一声巨响，他的心裂成了两半。

天亮后，市长带着随从在广场上散步，他抬头一看，大叫起来：“啊，快乐王子多么难看！”人们这才发现快乐王子剑柄上的红宝石掉了，眼睛也没有了，身上的纯金片也不知去向。他变成了一尊灰暗难看的石像，像一个乞丐。市长命令人们把快乐王子的塑像拆掉。

这时，上帝对他的一个天使说："请把这个城市里两件最珍贵的东西送到天堂里来。"

天使来到城里，把死去的燕子和快乐王子的心送到了天堂。上帝高兴地说："你选得不错。"

赏析

像绝大部分童话一样，《快乐王子》的故事并不复杂：一只准备南飞过冬的燕子被快乐王子的塑像一次次要求把王子身上的东西啄下来送给贫困潦倒的人们，最后燕子也被快乐王子所感化，不愿意离开王子。燕子被冻死了，快乐王子变成一尊灰暗难看的雕像，庸俗的人们将其投进火炉，但仍无法融化他铅做的心。这颗心和燕子一起被扔进了垃圾堆，但天使却把他们的灵魂迎进了天堂。

《快乐王子》里的文学想象并不表现为快乐王子的塑像会说话这种拟人手法，这事实上只是一般的童话手法。其奇思妙想表现在以下三个方面。

第一，作为塑像的快乐王子的超能力。快乐王子活着时，不知道什么是忧愁，所以人们都叫他快乐王子。可是，当他作为一尊塑像矗立在城中央时，"看到了一切丑恶和贫苦，虽然我只是一尊雕像，可我还是忍不住要哭"。从人到塑像的变化，使快乐王子"高于"凡人而观照苍生，因为他矗立在城市广场的中央，所以能看见这座城里家家户户正在上演的日常悲喜。正是这种超能力，为故事发生提供前提。这种文学人物的超能力，我们也可以称为"幻视能力"，即看见别人看不见事物的能力，这种幻视能力往往为文本打开广阔的可能性。童话作品中，往往存在着某个具有超能力的恶人或善人。在《白雪公主》中，具有幻视能力的则是人格化的"魔镜"。童话作品以外，不少作品也会启用"文学幻视"，如戴望舒的诗《我用残损的手掌》的抒情主人公眼前如有一个精微的祖国模型，抒情主人公可以"蘸着南海没有渔船的苦水……/无形的手掌掠过无限的江山"，可以从长白山冷到彻骨的雪峰，抚摸到岭南寂寞地憔悴盛开的荔枝花，这其实是采用了一种文学的幻视想象力。

第二，文学的叠加想象力。快乐王子最初请燕子把自己剑柄上的红宝石送给一位孩子发烧的贫苦妇人。此时，快乐王子不过是将自己的身外之物赠予他人，可谓善良，却还难称高贵。故事的发展，快乐王子不断将属于自己的东西送出去，这种属己之物开始从身外转向了身内：他送出了自己的一只眼睛，成了独眼者，但并不完全丧失视力；他送出了自己的另一只眼睛，终于成为盲人；他送出了自己身上所有的金叶片……正是在不断送出自己的过程中，快乐王子高贵如割肉饲虎之佛陀的内心得以显现。这里使用了童话中常见的"叠加想象力"。比如在常见的《渔夫与金鱼》的故事中，渔夫被老婆催着一次次去跟金鱼提出新的要求，这就是一种叙事叠加。叠加折射的是人物的内心，《渔夫与金鱼》里叠加折射的是"贪婪"，《快乐王子》里叠加折射的却是王子的"慈悲"。读者会产生一种期待，想看一看王子这种"无我"的行为能到什么程度。也正是这种叠加叙事，使《快乐王子》呈现了一种一般童话所缺乏的感染力：王子彻底无我的牺牲精神让人动容，一般童话有奇幻的历险，有善恶果报的叙述，来倡导真善美，但几乎没有书写这样至真至善的悲悯和自我牺牲精神的。

第三，悲剧童话的敏锐和深刻。《快乐王子》之特别处还在于它鲜明的悲剧色彩，这也是一般以“王子和公主快乐地生活在一起”结尾的童话所不具备的。王尔德童话过人之处在于，他并不相信很多廉价的善恶有报的道德教条。一般童话里，行善者终会获得人们的尊敬和爱戴，他们即使遭遇恶人的中伤、亲人的误解和现实的伤害，终究最后会重新被现实秩序所接纳，而不会持久处于跟现实的对抗中。然而《快乐王子》中，现实世界的肮脏和一般大众的庸俗是难以拯救的。快乐王子和燕子的善行并没有获得世人的拥戴。人们尊崇的是宝石权杖、金叶加身的王子，却把牺牲自我的高贵王子和燕子扔进垃圾堆。在这里不难看出王尔德非常精英主义的立场，他不相信大众的道德理解力，其实是不相信大众的审美和智力。但难得之处又在于，在明白牺牲不可能获得现实理解的前提下，《快乐王子》依然毫不犹豫地选择了向善。面对难以救赎的现实，王尔德只能设置“天堂”这一更高的价值层级来对快乐王子和燕子的善进行肯定。

在某种意义上，《快乐王子》是非常成人化的童话，它与一般童话如此不同，必须深入其文本的肌理中，把握住其独特的想象力，才能把握住其有别于其他童话的深刻内涵。

闲 情 赋[①]

［晋］陶渊明

导读

当你处在忙碌当中，恨不得将一秒钟掰成两半使用，喘气吁吁的时候，或许极其向往闲暇人生。而处在“闲”时的情景，到底是怎么样的呢？从《闲情赋》这篇文章命题行文的内容来看，似乎又不是什么好事。留意文中“闲”的感受如何表达，表达的线索脉络如何展开，有助于更好地理解文章。

作品

初，张衡作《定情赋》，蔡邕作《静情赋》，检逸辞而宗澹泊，始则荡以思虑，而终归闲正。将以抑流宕之邪心，谅有助于讽谏。缀文之士，奕代继作；因并触类，广其辞义。余园闾多暇，复染翰为之；虽文妙不足，庶不谬作者之意乎。

夫何瑰逸之令姿，独旷世以秀群。表倾城之艳色，期有德于传闻。佩鸣玉以比洁，齐幽兰以争芬。淡柔情于俗内，负雅志于高云。悲晨曦之易夕，感人生之长勤；同一尽于百年，何欢寡而愁殷！褰朱帏而正坐，泛清瑟以自欣。送纤指之余好，攘皓袖之缤纷。瞬美目以流眄，含言笑而不分。曲调将半，景落西轩。悲商叩林，白云依山。仰睇天路，俯促鸣弦。神仪妩媚，举止详妍。

激清音以感余，愿接膝以交言。欲自往以结誓，惧冒礼之为諐；待凤鸟以致辞，恐他人之我先。意惶惑而靡宁，魂须臾而九迁：愿在衣而为领，承华首之余芳；悲罗襟之宵离，怨秋夜之未央！愿在裳而为带，束窈窕之纤身；嗟温凉之异气，或脱故而服新！愿在发而为泽，刷玄鬓于颓肩；悲佳人之屡沐，从白水而枯煎！愿在眉而为黛，随瞻视以闲扬；悲脂粉之尚鲜，或取毁于华妆！愿在莞而为席，安弱体于三秋；悲文茵之代御，方经年而见求！愿在丝而为履，附素足以周旋；悲行止之有节，空委弃于床前！愿在昼而为影，常依形而西东；悲高树之多荫，慨有时而不同！愿在夜而为烛，照玉容于两楹；悲扶桑之舒光，奄灭景而藏明！愿在竹而为扇，含凄飙于柔握；悲白露之晨零，顾襟袖以缅邈！愿在木而为桐，作膝上之鸣琴；悲乐极以哀来，终推我而

---

① 选自《陶渊明集笺注》（中华书局，2003 年版），有改动。陶渊明（365—427），字元亮，晚年更名潜。

辍音！

考所愿而必违，徒契契以苦心。拥劳情而罔诉，步容与于南林。栖木兰之遗露，翳青松之余阴。傥行行之有觌，交欣惧于中襟；竟寂寞而无见，独悁想以空寻。敛轻裾以复路，瞻夕阳而流叹。步徙倚以忘趣，色凄惨而矜颜。叶燮燮以去条，气凄凄而就寒，日负影以偕没，月媚景于云端。鸟凄声以孤归，兽索偶而不还。悼当年之晚暮，恨兹岁之欲殚。思宵梦以从之，神飘飘而不安；若凭舟之失棹，譬缘崖而无攀。于时毕昴盈轩，北风凄凄，炯炯不寐，众念徘徊。起摄带以侍晨，繁霜粲于素阶。鸡敛翅而未鸣，笛流远以清哀；始妙密以闲和，终寥亮而藏摧。意夫人之在兹，托行云以送怀；行云逝而无语，时奄冉而就过。徒勤思而自悲，终阻山而滞河。迎清风以怯累，寄弱志于归波。尤《蔓草》之为会，诵《召南》之余歌。坦万虑以存诚，憩遥情于八遐。

赏析

《闲情赋》是晋代陶渊明所作。文章四个自然段，可分为七段来阐释，结构严密，条理分明。首段承接题目，声明仰慕先贤，效仿他们而作文表情达意，引出下文。次段描写人物，间里抒发情怀，表达出对高雅貌美的佳人的向往之情。第三段写自己怀着接近的意愿追随而忐忑的心态，体现出内心对她极其重视而患得患失，为下文布线。第三段是文章的重点段落，10 个排比句，表达内心强烈的爱慕之情和忧患之意，句式整齐，语气强烈，构造优美，感情强烈，堪称难得的佳笔。第五段的表达表露出并无所获，依旧孤身一人而未放弃希望的情景，延续了上文的复杂心态，侧重无获而寂寞的情感。第六段承接上文独行凄恻的状态，融情入景，意识在内外环境游弋，凄美绝伦。末段借《野有蔓草》和《召南》的诗意，以怀念和远离结束全文。

通读文章，就可以抱文思考。文章是因为自己“多暇”，于是“为之”，“多暇”是什么情况？其后的内容，说观察说赞叹说忧愁，见到了美人就神魂颠倒，这不就是“闲”时的样子吗？文中佳句抒发十愿，以身化物，一边追随一边悲伤，这不就是“闲”时的样子吗？自怜自伤，身无所依，意无所伸，这不就是“闲”时的样子吗？心里放弃而求助经典才安定下来，这不就是“闲”时的样子吗？

察文中言辞，岂是愚钝之人能为？“愿在衣而为领，承华首之余方，悲罗襟之宵离，怨秋夜之未央。”我做衣领就好，在这里，能够生活在她华美头部的芬芳里，但衣服总要换下，我将长夜无眠，无人陪伴。多么细腻、缠绵婉转的愁情，向往，情炽，离忧，苦意。24 字。玲珑剔透，金声而玉应。

闲，真是好苦的样子啊！形容此苦，赋以成文应该也就是如此苦，练就陶公豁达浑然的气魄。得知闲之主旨，文中内容就容易理解。美人不垂青，忧惧而没有进展，这些都不是所欲、不是所见，而是所感。既是赋文所叙述的闲情，无关闲情而违逆主旨的内容，自然不在叙写之列。作者怎么可能定了闲情的题目，去凭自己想象编写离题万里的东西呢？不这样写，没法做到“不谬作者之意”。

在主旨的阐发下，作者是描述得相当奔放而大胆的。如第三段的“十愿”部分，他的每一种况喻都属贴身的衣用，虽无一语近狎，但你变成贴身衣物对女子浑身上下这般操作，还在心中有各种不足，不是不够长久，就是不够贴近，情欲炽烈无比，这如果在别处见到，这样的文章实在没有可取之处。但本文能够以首尾之呼应容之，定闲情之旨导之，全文情思脉络连绵不断，猝发而徐收之，反而觉得它真切无妄。可见作者高明，也可见文章格局的重要。格局高低，是来自其作者的心胸志向。倘非其人，怎么能够有盖世文章见诸笔下？

“考所愿而必违，徒契契以苦心。”“愿”指持神想象化身无数的意图，“必违”，在文中少有的肯定，总结上文“十愿”的句式句意指向——事与愿违。那么这个愿的产生是怎么来的呢？是为色为欲而打动而生的，是人生无从捉摸、不可抗拒的东西。并非自身意志的凝聚，而是“闲”中之乱，失了魂魄时候的无行之举。被人家注意呢，就乐得跟哈巴狗似的奔走追随；人家失了兴致，自己就惶惶不可终日。百般寻根究底，找方法，研究策略，然而所有策略研究的结果就是两个字“没戏”。原来世上除了功成名就，尚有无计可施这一回事。“徒”，便是徒劳过后的觉察了。苦心。心本来就是苦的。五行心属火，火五味属苦味。你什么事都往心里去，就只有一个“苦”字响当当，其余滋味难以立足。

既然心中情感的格调已定，放眼所及，一身所受，就都粘了这个气味。“寂寞”“悁想”“流叹”“色惨”“叶爕爕”“气凄凄”“悼”“恨”“不安”“失”“无”，景随步移，情溢于景，人已失了常态。无数失落播散一路，由己及彼，又由外及里，不良情绪的恶性循环，架空了人与环境的密切互动，外来的干涉最终从喜到忧，似得而失。若非处闲，哪里会陷入这般境地呢？“若凭舟之失棹，譬缘崖而无攀。”无力之至，无法可施。就像在长河峻岭间失去了行动的力量。听天由命，满怀不安。追风捕影，何以解脱？“于时毕昴盈轩，北风凄凄……迎清风以怯累，寄弱志于归波。”回归自然，送走“徒勤思而自悲，终阻山而带河”的惆怅。放下负累，说易非易，说难也不难。接受另一种营养也滋养心灵，已经枯竭的一端，自然就告别了。弃《蔓草》的做法，拾《召南》的意旨。原来“正始之道”，不是限制你的自由，而是抢救无可救赎的心灵。

人越闲，离社会的互动越远。个性自由有其局限性，人不能脱离社会存在。否则将面临智慧的对话，染上野性，让文明之光退化，闲，正是自由的一种状态。自由，既有积极的一面，勇于进取，探险攻坚，不落窠臼。也有消极的一面。拒绝合作，不守公约，远离协作。然而你不与人协作互相支持，别人也不与你合得来。人类社会的本质就是合作，认可公共规则。当规则不能得到你的认可，别人都离你远去了，你还满足于你的自由吗？

闲游君子邦[①]

［清］李汝珍

导读

《镜花缘》是一部神话色彩浓郁、浪漫幻想迷离的中国古典长篇小说。该书前50回讲述唐敖、多九公等人乘船出海游历，途经君子国、两面国、大人国、黑齿国、女儿国、轩辕国、不死国等40多个国家。作者构思奇巧，驰骋想象，描述了许多奇风异俗、奇人异事、奇花异草，妙笔绘尽异国风情。后五十回讲述武则天大开女试，由诸花神托生的100名才女均被录取，她们各展身手，在朝廷中有所作为。

《镜花缘》揶揄世态，寄寓理想。书中描绘礼乐之邦的“君子国”，以“好让不争”闻名，但作者详写的几个交易场景，却又是争执不休的。“争”与“不争”之间，反映了什么问题，表达了什么思想？

让我们一起来“闲游君子邦”——

作品

不多几日，到了君子国，将船泊岸。林之洋上去卖货。唐敖因素闻君子国好让不争，想来必是礼乐之邦，所以约了多九公上岸，要去瞻仰。走了数里，离城不远，只见城门上写著“惟善为宝”四个大字。

话说唐、多二人把匾看了，随即进城。只见人烟辏集，作买作卖，接连不断。衣冠言谈，都与天朝一样。唐敖见言语可通，因向一位老翁问其何以“好让不争”之故。谁知老翁听了，一毫不懂。又问国以“君子”为名是何缘故，老翁也回不知。一连问了几个，都是如此。多九公道：“据老夫看来，他这国名以及‘好让不争’四字，大约都是邻邦替他取的，所以他们都回不知。刚才我们一路看来，那些‘耕者让畔，行者让路’光景，已是不争之意。而且士庶人等，无论富贵贫贱，举止言谈，莫不恭而有礼，也不愧‘君子’二字。”唐敖道：“话虽如此，仍须慢慢观顽，方能得其详细。”

说话间，来到闹市。只见有一隶卒在那里买物，手中拿著货物道：“老兄如此高

① 选自《镜花缘》（中国文联出版社，2018年版），有改动。李汝珍（约1763—1830），字松石，号松石道人，清代小说家。主要代表作有《镜花缘》等。

货，却讨恁般贱价，教小弟买去，如何能安！务求将价加增，方好遵教。若再过谦，那是有意不肯赏光交易了。”唐敖听了，因暗暗说道：“九公，凡买物，只有卖者讨价，买者还价。今卖者虽讨过价，那买者并不还价，却要添价。此等言谈，倒也罕闻。据此看来那‘好让不争’四字，竟有几分意思了。”只听卖货人答道：“既承照顾，敢不仰体！但适才妄讨大价，已觉厚颜；不意老兄反说货高价贱，岂不更教小弟惭愧？况敝货并非‘言无二价’，其中颇有虚头。俗云：‘漫天要价，就地还钱。’今老兄不但不减，反要加增，如此克己，只好请到别家交易，小弟实难遵命。”唐敖道：“‘漫天要价，就地还钱’，原是买物之人向来俗谈；至‘并非言无二价，其中颇有虚头’，亦是买者之话。不意今皆出于卖者之口，倒也有趣。”只听隶卒又说道：“老兄以高货讨贱价，反说小弟克己，岂不失了‘忠恕之道’？凡事总要彼此无欺，方为公允。试问那个腹中无算盘，小弟又安能受人之愚哩。”谈之许久，卖货人执意不增。隶卒赌气，照数付价，拿了一半货物。刚要举步，卖货人那里肯依，只说“价多货少”，拦住不放。路旁走过两个老翁，作好作歹，从公评定，今隶卒照价拿了八折货物，这才交易而去。

唐、多二人不觉暗暗点头。走未数步，市中有个小军，也在那里买物。小军道：“刚才请教贵价若干，老兄执意吝教，命我酌量付给。及至尊命付价，老兄又怪过多。其实小弟所付业已刻减。若说过多，不独太偏，竟是‘违心之论’了。”卖货人道：“小弟不敢言价，听兄自讨者，因敝货既欠新鲜，而且平常，不如别家之美。若论价值，只照老兄所付减半，已属过分，何敢谬领大价。”唐敖道：“‘货色平常’，原是买者之话；‘付价刻减’，本系卖者之话，那知此处却句句相反，另是一种风气。”只听小军又道：“老兄说那里话来！小弟于买卖虽系外行，至货之好丑，安有不知，以丑为好，亦愚不至此。第以高货只取半价，不但欺人过甚，亦失公平交易之道了。”卖货人道：“老兄如真心照顾，只照前价减半，最为公平。若说价少，小弟也不敢辩，惟有请向别处再把价钱谈谈，才知我家并非相欺哩。”小军说之至再，见他执意不卖，只得照前减半付价，将货略略选择，拿了就走。卖货人忙拦住道：“老兄为何只将下等货物选去？难道留下好的给小弟自用么？我看老兄如此讨巧，就是走遍天下，也难交易成功的。”小军发急道：“小弟因老兄定要减价，只得委曲认命，略将次等货物拿去，于心庶可稍安。不意老兄又要责备，且小弟所买之物，必须次等，方能合用，至于上等，虽承美意，其实倒不适用了。”卖货人道：“老兄既要低货方能合用，这也不妨。但低货自有低价，何能付大价而买丑货呢？”小军听了，也不答言，拿了货物，只管要走。那过路人看见，都说小军欺人不公。小军难违众论，只得将上等货物、下等货物，各携一半而去。

二人看罢，又朝前进，只见那边又有一个农人买物。原来物已买妥，将银付过，携了货物要去。那卖货的接过银子仔细一看，用戥秤了一秤，连忙上前道：“老兄慢走。银子平水都错了。此地向来买卖都是大市中等银色，今老兄既将上等银子付我，自应将色扣去。刚才小弟秤了一秤，不但银水未扣，而且戥头过高。此等平色小事，老兄有余之家，原不在此；但小弟受之无因。请照例扣去。”农人道：“些须银色小事，何必锱铢较量。既有多余，容小弟他日奉买宝货，再来扣除，也是一样。”说罢，又要走。卖货人拦住道：“这如何使得！去岁有位老兄照顾小弟，也将多余银子存在我处，留言后来买货再算。谁知至今不见，各处寻他，无从归还。岂非欠了来生债么？今老兄又要如此。倘一去不来，到了来生，小弟变驴变马归还先前那位老兄，业已尽够一忙，那里还有工夫再还老兄，岂非下一世又要变驴变马归结老兄？据小弟愚见，与其日后买物再算，何不就在今日？况多余若干，日子久了，倒恐难记。”彼此推让许久，农人只得将货拿了两样，作抵此银而去。卖货人仍口口声声只说“银多货少，过于偏枯”。奈农人业已去远，无可如何。忽见有个乞丐走过，卖货人自言自语道：“这个花子只怕就是讨人便宜的后身，所以今生有这报应。”一面说著，却将多余平色，用戥秤出，尽付乞丐而去。

唐敖道：“如此看来，这几个交易光景，岂非‘好让不争’一幅行乐图么？我们还打听甚么！且到前面再去畅游。如此美地，领略领略风景，广广识见，也是好的。”

只见路旁走过两个老者，都是鹤发童颜，满面春风，举止大雅。唐敖看罢，知非下等之人，忙侍立一旁。四人登时拱手见礼，问了名姓。原来这两个老者都姓吴，乃同胞弟兄。一名吴之和，一名吴之祥。唐敖道：“不意二位老丈都是泰伯之后，失敬，失敬！”吴之和道：“请教二位贵乡何处？来此有何贵干？”多九公将乡贯来意说了。吴之祥躬身道：“原来贵邦天朝！小子向闻天朝乃圣人之国，二位大贤荣列胶庠，为天朝清贵，今得幸遇，尤其难得。第不知驾到，有失迎迓，尚求海涵！”唐、多二人连道：“岂敢！……”吴之和道：“二位大贤由天朝至此，小子谊属地主，意欲略展杯茗之敬，少叙片时，不知可肯枉驾？如蒙赏光，寒舍就在咫尺，敢劳玉趾一行。”二人听了，甚觉欣然，于是随著吴氏弟兄一路行来。不多时，到了门前。只见两扇柴扉，周围篱墙，上面盘著许多青藤薜荔；门前一道池塘，塘内俱是菱莲。进了柴扉，让至一间敞厅，四人重复行礼让坐。厅中悬著国正赐的小额，写著“渭川别墅”。再向厅外一看，四面都是翠竹，把这敞厅团团围住，甚觉清雅。小童献茶。唐敖问起吴氏昆仲事业，原来都是闲散进士。多九公忖道：“他两个既非公卿大宦，为何国王却替他题额？看来此人也就不凡了。”唐敖道：“小弟才同敝友瞻仰贵处风景，果然名不虚传，真不愧‘君子’二字！”吴之和躬身道：“敝乡僻处海隅，略有知识，莫非天朝文章教化所致，得能不致陨越，已属草野之幸，何敢遽当‘君子’二字。至于天朝乃圣人之邦，自古圣圣相传，礼乐教化，久为八荒景仰，无须小子再为称颂。但贵处向有数事，愚弟兄草野固陋，似多未解。今日虽得二位大贤到此。意欲请示，不知可肯赐教？”唐敖道：“老丈所问，还是国家之事，还是我们世俗之事？”吴之和道：“如今天朝圣人在位，政治纯美，中外久被其泽，所谓‘巍巍荡荡，惟天为大，惟天朝则之’。国家之事，小子僻处海滨，毫无知识，不惟不敢言，亦无可言。今日所问，却是世俗之事。”唐敖道：“既如此，请道其详。倘有所知，无不尽言。”吴之和听罢，随即说出一番话来。

未知如何，下回分解。

赏析

“在这物欲横流的人世间，人生一世实在是够苦。你存心做一个与世无争的老实人吧，人家就利用你欺侮你。你稍有才德品貌，人家就嫉妒你排挤你。你大度退让，人家就侵犯你损害你。你要不与人争，就得与世无求，同时还要维持实力准备斗争。你要和别人和平共处，就先得和他们周旋，还得准备随时吃亏。”

杨绛先生的这段话，道尽世间“老实人”的苦楚。“天下熙熙，皆为利来；天下壤壤，皆为利往。”“利”字当头，“争”就成了必然。“好让不争”，那是要冒着生存不下去的风险的。尤其是在大清王朝由盛世走向衰落之际，耿直不阿、不善钻营的李汝珍，偏偏生活在一个尔虞我诈、苞苴盛行、世风日下的时代，圣人“温良恭俭让”的盛德光辉令人追慕，现实世界的千疮百孔却叫人崩溃。于是一如《礼记》称述“大同社会”，陶渊明向往“桃花源”，李汝珍则将自己的社会理想寄托于“君子邦”，用一个虚构的境界来排解内心的矛盾与苦痛。

本文节选自《镜花缘》第十、十一回。开篇借唐敖、多九公的听闻和谈论，点明君子国“好让不争”的社会风气。紧接着先后描述写隶卒、小军和农人买物时“讨价添价”的三个交易场景，具体表现君子国人宁可自己吃亏、不肯占人便宜的特点。而后写两人与吴氏昆仲相遇，应邀到其府中做客，为下一章回的一场议论预做铺垫。

有意思的是：“君子国”的名称以及“好让不争”的评价，“都是邻邦替他取的”，唐、多二人连问几人，“都回不知”。作者这样安排，大概是想说明：“耕者让畔，行者让路”“无论富贵贫贱，举止言谈，莫不恭而有礼”乃是君子国常态，人人是君子，也就无所谓君子了。《道德经》有言曰：“圣人出，有大伪；家不合，出孝慈；国将丧，出忠良。”人们称赞君子、呼唤君子，正因为君子稀缺。而在一个人人“好让不争”的社会中，连“君子”这样的称谓都不为人所知了。

更有意思的是：“君子国”的“好让不争”，是通过三场交易中滔滔不绝的争论来具体表现的。既是买卖，争论的焦点自然是价格，但是与现实世界相反，君子国的买者务求加价，而卖者唯恐价高。双方推让不休，以致需要路人调停才能有个了结。以“争”来反衬“不争”，确是作者的匠心独运之处。大抵是因为“没有冲突就没有戏”，彻底地“不争”，人物之间没有矛盾冲突，故事情节没有波澜，读者也就难以产生深刻的印象。在君子国，“争”是表象，“不争”是实质。世人争利，常现脸红脖子粗、恶语相向的丑态；而君子国人争着让利，言辞之间却依然是客客气气，斯文有礼，体现出极高的道德素养。两相映照，更加令人感慨良多——倘若“惟善为宝”成为社会中绝大多数人的信条，那么文明和谐自然也指日可待了。

然则愿望是丰满的，现实是骨感的。君子国民何以有这么高的道德情操？唐、多二人偶遇的吴氏昆仲，极口称颂“天朝乃圣人之邦，自古圣圣相传，礼乐教化，久为八荒景仰”，天朝文章教化两千多年未能完全感化自己的子民，何以到了君子国就有如斯威力？或许作者自己也知道难以自圆其说，所以在文中又安排了这么一个细节：“忽见有个乞丐走过，卖货人自言自语道：‘这个花子只怕就是讨人便宜的后身，所以今生有这报应。’一面说著，却将多余平色，用戥秤出，尽付乞丐而去。”原来君子国人不肯占人便宜，还因为害怕因果报应。作者试图为君子国人的“好让不争”寻找一个合理的动机，儒教不足释教补，却终究难以掩盖梦想的苍白。倘若继续深究下去，正如隶卒所言“试问那个腹中无算盘”，君子国人深信讨人便宜会有报应，于是费尽口舌企图让利，是否也有“嫁祸于人”之嫌？李汝珍动笔创作本书时已届不惑之年，冷眼阅尽世态，对人心之复杂微妙焉能不察？再仔细琢磨文章中交易双方的对答，我们还会惊奇地发现：损人利己固然应该被唾弃，一味损己利人恐怕也不是达成社会和谐的有效途径。双方的讨价让价如此不遗余力，若不是路人和稀泥，真不知争论何时了。最终勉强达成交易，依然意难平。至于“公正”“效率”，就更不知从何说起了。作者描述君子国对现实世界的矫枉过正，到底是怀揣儒家“大同社会”的美好梦想，还是以曲笔表达对“大同社会”的怀疑？

“忽闻海上有仙山，山在虚无缥缈间。”从“大同社会”“桃花源”到“君子邦”，古哲先贤所追求的社会理想何时能够找到一条落地的途径？距离《镜花缘》成书，弹指又过了两百年。两百年间无论是东方还是西方，和谐社会的探索仍然在路上。选文在吴氏昆仲对“天朝”的欲抑先扬中落下帷幕，君子国留下的种种疑问，令人掩卷深思、长叹。

卓别林——夏尔洛[1]

［法国］乔治·萨杜尔著　韩默、徐继曾译

导读

本文节选自法国电影评论家乔治·萨杜尔所著传记《卓别林的一生》。集演员、导演、编剧才华于一身的天才艺术家卓别林，以既滑稽可笑又令人同情的夏尔洛形象闻名于世。这些影片在引人发笑的同时，表现了冷酷的资本主义社会中小人物的辛酸与不幸，既凸显了社会批判的主题，又展现了卓别林在艺术的道路上坚持不懈的追求。选文围绕夏尔洛形象的创造清晰勾勒出卓别林的成功之路，叙事真实可感，语言简练优美，议论切中肯綮，有画龙点睛之妙。

作品

我们今天还可以在电影博物馆里看到一部很旧的影片，它的名字叫《在阵雨之间》。在这部滑稽片里，一个流浪汉和一个纨绔子弟，为了争夺一把雨伞和一个美貌女郎的垂青而吵闹起来。流浪汉戴一顶圆顶帽，穿一件短上衣，一条过肥的裤子，奇特的背心，带着领结和硬领。他的衣服又脏又破，但这个穷汉子竭力想装得像个绅士。这个小人物耍了一些花招，终于把雨伞弄到手，又找到了那个女郎，两人孤独地出现在一个荒凉的公园里。他突然转过身去，把雨伞当作手杖，像鸭子一样蹒跚地走开了……

1914 年 2 月 28 日第一批看到《在阵雨之间》这部滑稽片的观众们，可以说一句："我看到夏尔洛的诞生……"

《在阵雨之间》是卓别林所演的第四部影片。卓别林是在 1911 年初乘船到美国的，在最初的两个月里，他还不能决定究竟以哪一种角色姿态在电影上出现才好。演了十部影片后，他才作出了最后的决定。自 1914 年春季开始，到第二次世界大战为止，卓别林每次在银幕上出现时总是留着小胡子，带着手杖，穿着过大的短靴，走着像鸭子一样的步伐。卓别林选择了这样一个典型的英国人形象，一个想冒充绅士的穷汉子，但在启斯东时代，卓别林根本还没有完全了解——说得更正确些应该还没有完全创造出——我们今天称之为"夏尔洛"的这个人物。卓别林那时的外貌已经跟后来的"夏

---

[1] 选自《卓别林的一生》（中国电影出版社 1985 年版）。乔治·萨杜尔（1902—1967），法国电影史家，主要代表作有《电影艺术史》等。

尔洛”完全一样，但这还是一个没有灵魂的外壳而已。

卓别林的风格和作品在1916年底产生了急剧的变化，不过这种艺术的变化被卖座的盛况遮盖得显不出来。直到《安乐街》这部完美的古典作品问世后，夏尔洛的形象才第一次显出了它的巨大光辉。艺术家完全放弃了投人所好的做法，他成了他自己和他的天地的主宰。

他之所以能在27岁时就获得这样高的成就，是因为他能够不被自己在孤星摄影场所获得的名声冲昏头脑。当他到孤星工作后不久——在1916年的某一天，一阵冷水使他清醒过来。他在谈到这点时说：

“我那时只有一个愿望，就是讨好爱好我的观众。为了这，我只要把我知道准有把握成功的那一套，把那些准能引起他们哄堂大笑的效果供给他们就行了，纵使这些效果根本和真正应有的动作毫不相关，也没有关系……”

“就在这样自满的时候，在《夏尔洛当救火员》放映的第二天，我被泼了一盆冷水。那是一个我从没见过面的不相识的人泼的。他给我写了一封信，上面说：‘我很担心您会变成观众的奴隶。恰巧相反，观众是您的奴隶。夏尔洛，观众是喜欢做奴隶的。’”

“自从接到这一封信以后，我就竭力避免投一般观众之所好。我依照我自己的兴趣，它却更恰当地给予了观众们以他们真正期待于我的东西。”

卓别林并不认为群众必须成为他的个性的奴隶，他认为当演员的唯一原因就是要表达大众的情绪。

1935年夏天，卓别林的“第五号作品”《摩登时代》与观众见面。

在《摩登时代》中，夏尔洛挑选了一个相当摩登的职业，他是一家大工厂的工人。在这家工厂里，一切都是机械化，经理通过电视可以清楚地看到任何一个角落。工人在从事工作时像一些身在屠宰场上的羔羊，时刻都处在非常紧张的情况下。工人夏尔洛常常一不经心就打乱了传送带的工作，他的那份工作是永远不停地拧紧一颗颗螺丝钉。

“吃饭机”证实行不通后，经理就下令加快机器的速度。传送带的加速和工作的单调使夏尔洛丧失了理智，他像白痴一般跳起舞，把女人的衣钮当作螺丝钉，他把机油倒在工长、警官和护士的身上。他被关进了疯人院……等他病愈出院，却失掉了职业。

他在街上流浪，却被误抓进了监狱。但他觉得在监狱里要比在工厂中干活舒服得多。出狱后，他进了一家造船厂，却把一条还没造好的船放下了海。夏尔洛又失业了，他设法使自己能被抓进监狱去，因为在那里倒是有吃有住的。

在危机或不景气的十年中，没有一部美国影片曾经敢像《摩登时代》那样大胆地直接接触失业问题或资本主义统治所造成的其他后果。我们可以把卓别林看作另一个时代的人物，因为在好莱坞，戏剧片除了表现一些简直是下流的东西以外就没有其他什么了。

赏析

乔治·萨杜尔（1904—1967）是20世纪法国著名电影评论家和电影史家，一生致力于世界各国电影的研究工作，著述颇丰，其中有关电影史的著作价值重大。作为一名共产党员和马克思主义者，他把电影作为一种与社会政治经济以及技术发展紧密联系的艺术类型来研究，既揭露了电影如何在西方垄断资本的控制下沦为获利的手段以及欺骗、麻痹人民的工具，并加以严厉批判，又高度肯定了塞纳特、卓别林、马克斯等人的影片，认为他们表演艺术高超，生动地刻画了美国底层小人物的真实形象，表现了人与不人道社会之间冲突的主题。尤其是卓别林的喜剧作品，萨杜尔认为这些作品之所以能成为艺术作品，原因在于对冷酷的资本主义社会的讽刺与批评，因此为其喜剧性增加了悲剧色彩："这些影片几乎都有着芭蕾舞那样的准确动作和优美感。但影片中对社会的讽刺和批评，却远比他们的娱乐意义更为重要。"（引自萨杜尔《世界电影史》）他于1952年出版了传记《卓别林的一生》，之后屡次修订，甚至在去世前不久还对正文和附录进行了校阅和增补，可见其对卓别林作品的思想意义及艺术成就的肯定与重视。

选文清晰地呈现了卓别林塑造夏尔洛这个最经典的艺术形象的过程。1913年，24岁的卓别林第二次到美国巡回演出，被启斯东制片公司看中并签下，从此开始了他的电影生涯。自1914年春季开始到第二次世界大战止，卓别林每次都以"夏尔洛"这个典型的英国人形象出现，但在这个阶段这个人物只是一个没有灵魂的外壳。卓别林在《安乐街》中的表演，才真正开始使夏尔洛这个艺术形象放射出辉煌的艺术光芒。卓别林放弃了讨好观众的做法，开始以独创的喜剧艺术手法，来表达他对生活和社会的理解，赋予了夏尔洛这个形象以越来越深刻的社会批判内容，把当时流行的"为笑而笑"的庸俗闹剧提高到了批判现实主义喜剧艺术的高度。在卓别林那里，笑成为犀利的武器，是对资本主义社会的罪恶——压迫、剥削、失业以及饥饿——的辛辣揭露与嘲讽；笑同时又是同情与关怀，是对失业者、小人物、被压迫与被损害者处境的真实描绘与深切同情，使观众既"笑得浑身颤抖，又止不住眼泪直往上涌"，从而产生深沉的、触动心灵又引人深思的审美效果。

从这个过程中，我们可以看到卓别林获得成功的原因是多个方面的。首先，他拥有敏锐的洞察力和卓越的艺术天赋。他所塑造的艺术形象为什么会具有这么巨大的魅力，得益于他在生活中的细心观察和长久积累。夏尔洛的形象尽管夸张滑稽几近怪诞，却是从生活当中提炼而来的，平易近人，通俗可感："有许多人问，我是从哪里设计出我的典型角色的。我只能说它是我住在伦敦时候从我看到的很多英国人综合出来的。"（引自卓别林《我的秘诀》）。卓别林在童年和青少年时期朝夕相处的下层人物成为夏尔洛的原型。这些原型经过他的喜剧化处理，超越形似而达到神似或者神形兼备，成为伟大的艺术典型，体现了艺术的真实，具有更加强烈的现实性，是对生活更深刻、更生动和更本质的反映。

其次，他有执着的艺术追求和刻苦钻研的毅力。卓别林在塑造夏尔洛形象的几十年中，始终精益求精，不懈努力，即使声名远播，却从不骄傲自满，放松追求；而且他能够直面批评，冷静思考，虚心接受和吸收正确有益的建议，又不放弃对个性的主张与追求。

最后，他有大胆的艺术主张。他正确处理了“投观众所好”与“保持自己的艺术个性”之间的矛盾。他既纠正了完全讨好观众的做法，又不认为应该将自己的个性凌驾于观众之上，而是要在反映大众情绪、表达观众更内在、更本质的心声与期待的基础上，实现这两者的统一。他成功地将一个原本仅停留于取悦一般观众的没有灵魂的形象，塑造成一个大胆直击社会现实、有力抨击社会罪恶、反映大众真实生存状态与内心世界的典型形象，结果深入人心，引发共鸣，创造出了为大众所真正喜欢的、服务于人民的作品。

在写作手法上，选文夹叙夹议。文中引用了大段卓别林自己的话，既印证了“卓别林的风格和作品产生了急剧的变化”，又引导读者关注、探索卓别林形成艺术个性的主观动机与心路历程。作者在文中多次直接发表议论，既肯定了卓别林的作品在西方经济危机时期所具有的社会政治意义和艺术地位，又高度评价了传记主人公卓别林不凡的艺术追求和高尚的人格品质，是画龙点睛之笔。

另外，我们也要看到，正如一开始所说，由于作者特殊的身份与立场，他对卓别林的叙述偏重于社会分析与批判，而较少从艺术性角度分析卓别林作品的审美效果和艺术感染力。同时，卓别林的喜剧中既有对社会不公正的控诉，对小人物的悲惨命运的揭露，也有对在艰难困苦中依然坚守着美好人性的讴歌，有对真挚的爱情、乐观的生活态度和人格尊严的赞颂，这些因素也是卓别林作品持久艺术魅力不可或缺的部分，本书却着墨不多，深以为憾。

推荐书目

刘慈欣《三体》

推荐理由：一个符合我们审美期待的科幻长篇小说需要什么要素呢？宏大的叙事、瑰丽的想象、严密的逻辑、坚实的细节和深沉思索，这些似乎都必不可少，而这些《三体》都具备了。在严密的科学逻辑的底基上，刘慈欣用瑰丽的想象为我们讲述了一个宏大而通俗的故事，又跳出机巧虚构和矫情说教的俗流，给我们呈现了一个逼真的宇宙生存图景，并借此发出对人性及其维持文明所需的集体价值底线的拷问。

拓展链接

1. 星新一《自动装置带来的烦恼》
2. 叶圣陶《稻草人》
3. 严文井《小溪流的歌》
4. 葛翠琳《野葡萄》
5. 周国平《人生寓言》
6. 潘向黎《做个唐朝少年郎》
7. 博尔赫斯《小径分岔的花园》
8. 刘以鬯《打错了》
9. 乔治·萨杜尔《卓别林的一生》
10. 乔治·萨杜尔《世界电影史》
11. 查理·卓别林《一生想过浪漫生活：卓别林自传》
12. 查理·卓别林《我的秘诀》
13. 韩默《含泪的笑：纪念英国电影艺术家卓别林》

附　录

核心素养与语文课程建设[①]

巢宗祺

“核心素养与语文课程建设”，可分为以下三方面的内容。

一、语文课程与语文素养

1949年以来，我们国家把学生学习“国家通用语言文字”运用的课程称为“语文”课，此前学校里把小学的这门课程叫作“国语”，指的是口头语，中学的这门课叫作“国文”，指的是书面语。1949年以后，把这两个名称合二为一，“语文”的名称一直沿用至今。

2015年开始修订高中课程标准，教育部要求围绕“学生发展核心素养”设计各学科的核心素养。学生发展核心素养，主要指学生应具备的，能够适应终身发展和社会发展需要的必备品格、关键能力和价值观念。

加强核心素养教育是落实立德树人根本任务、培育和践行社会主义核心价值观的重要措施和必要途径，是适应世界教育改革发展趋势、提升我国教育国际竞争力的迫切需要，是我们国家人才发展战略在教育改革领域的主要体现和具体要求。未来基础教育的顶层理念就是强化学生的核心素养。

2000年修订《高中语文教学大纲》时第一次提出“语文素养”这一概念。当时只是觉得语文水平的提高，只有“知识”“能力”还不够，语文学习需要广泛的积累，需要培养“语感”，需要注重情感态度、思想观念、习惯与方法、注重熏陶感染。那时并未意识到它将成为语文教育一个新的核心概念。

在较长一段时间里，语文课程致力于追求系统的“知识”，包括字、词、句、篇、语（法）、修（辞）、逻（辑）、文（学）。比如，有的老师编写初中语文教材时，列一张表，里面包括了一百多个知识点，逐个分配到各个年级各个单元，然后根据知识点去寻找相关的课文。老师教知识，考试考知识。学生对这些知识可以讲得头头是道，可就是文章写不好。我们觉得，跟“知识”相关的词语主要有“传授”“讲解”“知道”“懂得”“记住”等。所以2000年开始起草课程标准的时候，有人提出一个问题，为什么小学生上了那么多的音乐课，但是不会唱歌？其实那时学生上的音乐课、语文

① 巢宗祺，华东师范大学中文系教授、博士生导师。

课已经变成学乐理知识、学语文知识的学术型课程。

跟“能力”匹配的动词主要是“训练”，指向解决问题、完成任务的“功能”，它注重“效果、效率”一类外显表现，追求的目标与效用、功利相关。推出“能力”这个概念，应该是一个进步，它指向的是“学会”，而不仅仅是“知道”“懂得”。

能力立意的教育适宜于造就偏向于技术的人才。技术人才不只是属于工科、医科、农科、商科，文科也有，如翻译、文秘、律师。十多年前，在报刊上看到一位大学法学院院长的文章，大意是，法律工作者需要人文精神吗？20 世纪 90 年代有一些外语专业的老专家说，“现在许多搞外语的人缺少文化”，大概就是指这种长于技术、弱于文化的现象。现在的教师中也有大量的技术型人士。

核心素养是知识、能力、态度、价值观等要素的综合体现。“素养”应该是指包含经验、知识、技能的累积，包含思想文化、情感态度、心灵德行、志向趣味、习惯个性、谈吐举止、风度品格等多方面因素，其中有些因素，不一定指向效用、功利，而是强调内在修为，有些因素也可以转而产生功利效益。

“素养”是人们在经历、体验某些过程之后，逐步内化、养成的一种思想品质、精神面貌和行为方式。它既可能是外显的，但更多的是一种内隐的品质，具有体验性、教化性、启示性、陶冶性的特点。素养的教育是一种渗透、化育的过程。

这次课程标准修订，将“语文素养”归纳为四个方面的“核心素养”：语言建构与运用，思维发展与提升，审美鉴赏与创造，文化传承与理解。语文课程的“核心素养”是“语文素养”中的主要部分。

在高中语文课程标准中，这四个方面的素养展示在同一平面。实际上这些“核心素养”是有层次区别的，“语言建构与运用”是语文课程核心素养的基础，其他三个方面不属于“语文”独有，它们是语言建构中必不可少而且是伴随语言建构而发展的，是结合在语文的运用中而发挥作用的。

二、关于语文学科核心素养

在“语言建构与运用”中，“语言运用”比较容易理解，那么什么是“语言建构”？它和语文学科核心素养的其他三个方面如“思维发展与提升”“审美鉴赏与创造”“文化传承与理解”是什么关系？

“语言建构”的初级阶段是把脑、耳、眼、口、鼻等器官及其他有关肢体联结起来构成一个系统，按照一定程序、方式接收、储存、传递、输出信息，语言学家把这种生理、心理器官组织起来发挥作用的工作系统称为“语言机制”。这是语言文字运用系统的“硬件”。

有人认为人之所以会运用语言，依靠的是人的一些器官、肢体所具有的本能。这话有一定的道理，不过这种本能需要经过开发，将有关生理、心理要素整合成为一个系统，使之具有特定的工作机制。人出生以后，这种机能如果长久不开发利用，到一定时间，就可能会弱化甚至消失。

在学习第一语言的过程中，这些器官中的某些部位用得比较频繁，它们的“活性”特别强，日久便会固化，以至于有的人在学习第二、第三语言时，第一语言的“口音”特点会顽强地显现出来。

语言文字运用的“基础设施”，从“硬件”上看，包含“听觉器官——大脑和神经系统——发音器官”；从“软件”上看，人学会运用语言，至少需要一定量的词语和语言运用的样本，人学会说话靠的是头脑里储存的语言运用样本，还有对样本“复制”的本能——这就是为什么人们不懂语言知识，但是能运用语言的道理。这种“复制”是自然界以及社会运动自组织的“本能”，复制包括简单复制、扩大复制、缩小复制、变异复制等。

孩子上学校通过语文课上的学习，包括口头语和书面语，进一步扩大词汇量，要学习一定量的文字，掌握一定量的书面语范例——主要是语文教科书里的课文，延伸、强化和优化语言文字运用“基础设施”。

“延伸”是指这一“基础设施”要加入从“脑”到“手”的联系。学习汉字书写，难度要比拼音文字大得多，汉字笔画、结构、字形复杂，出现错别字的概率要比拼音文字大得多，要想在书写中做到“得心应手”，需要多年“强化和优化”的锻炼才能实现。

这里说的“强化和优化”，是指在语言文字运用机制的建构中，对语言直觉（语感）和反应机制灵敏性的促进，“强化”是指学习的强度，“优化”是指方法得当，耗时少，负担轻，收效高。

在学习语言的过程中，人们可能因生理、心理机制的差异，或因所处环境或者培养方法的不同，语言机制开发的过程、学习语言的效果会有很大的差别。有的人可能因为天赋的原因，或者所处的环境以及培养的方法得当，语言学习快而好，第二、第三语言学习也很顺当。这里面就有一个语言机制开发的条件、路径的问题。

语言机制建构的过程中融入了思维机制、审美机制和文化心理机制的建构。人的语言机制的发展始终跟他的思维机制发展联系在一起，首先是直觉、形象的思维，这也应该属于“本能”，语言学家说“预感”就是语言直觉。随着人们语言运用的复杂化，要提高表达的条理性、准确性、严密性、生动性、深刻性等，语言机制的建构就要加入逻辑思维、辩证思维的培训。

孩子学习语言的过程中，接触到的语言素材的量和质（丰富、贫乏、高雅、粗俗、规范、破碎、平庸、灵气等），对孩子语言的发展会产生很大的影响。随着年龄的增长，孩子对语言表达的审美追求会越来越强烈。有科学家说，在科学研究中，当学术标准和审美标准不一致的时候，我首先取审美标准，因为学术标准中可能会有我们尚未弄清的问题使我们解释不清，审美标准凭的是一种科学审美的直觉。我们在课程设计中，必须考虑把审美教育渗透到语文教育中去。

我们一开始学习语言，就掉入文化的“网络”，人们在语言运用中往往会不自觉地显露自己在民族、地域、学养等方面的文化无意识。美国人类学家本尼迪克特在20

世纪50年代研究日本文化时发表的著作《菊与刀》揭示了语言中耻辱感文化和罪恶感文化的差异。再如，中国和西方语言寒暄方式不同，亲属称谓与社会称谓不同，这些都是文化发挥作用的结果。语言学习的过程就是文化心理建设的过程。

人们学习语言的过程是开发、利用语言机制的过程，语言教育的课程要从语言文字、思维、文化、审美等方面同时促进学生语言机制的发展。

三、语文课程建设的回顾与展望

多年来，语文课程历经一次次质疑、争论、探索和发展，课程的核心概念从“知识”到“能力”再到今天的“素养”，确定“工具性”与“人文性”的统一为本学科的基本特点，把语文课程性质定位为“学生学习语言文字运用的综合性、实践性课程”。

正在修订的高中语文课程标准，尝试设计一系列“任务群”和“语文学习活动”，旨在通过综合性、跨领域、情境化、结构化、专题化的学习任务，实现语文学科核心素养教育的目标，要求避免把中小学的语文课当成学术型课程。

任何一种学习语言文字运用的课程其实都是在做“语言建构＋”的工作，不可能是单纯的语言运用技能的教学，会融入习惯、方法和人类智慧的教育，语文课程都会被要求体现国家意志，融入适合当时社会的思想道德、价值观念、人文精神，我们今天的语文课程建设需要渗透中华优秀传统文化、革命文化和社会主义先进文化。

“语文”是一门众人关注的老学科，但是又是一门尚未成熟的发展中的“学科”——它不同于数理化之类的典型学科。语文课程建设还面临许许多多的复杂问题。比如，为什么语文教科书要用一篇篇“课文”来组织，而不是像数理化等学科有一章一节知识体系构成的？有教师提出疑问：读书能提高语文水平吗？为什么语文教育要重视阅读？中国语文教育一贯注重背诵，这种方法是不是科学？现在的学生还要不要学习文言文？如果还要学，学多少为好？

中国语文教育和外国语教育，都是“语言机制建构”的教育，两者之间有什么不同？中国的通用语言跟西方语言有什么主要差异？

关于汉字教育的理念，这几年有进展，但是教学现实中存在的问题仍然不少，包括课程标准和教材的设计、教学方法的选择，可能还有较大的改进空间。

语文知识的教学一直是个难题，究竟如何在教材和教学中把握它的尺度为好？

文学鉴赏到现在还是语文教育中一个比较薄弱的环节。许多学校里一般还是用实用文教学的方法来教文学鉴赏。如何在阅读文学作品中引导学生品味语言文字，感受形象，通过情境和表现手法来体验作品的情感，思考作者的表达意图，等等，这些都是教学和评价方法中需要深入探讨的问题。

为了培养学生的发现、创新能力，现在的语文课程大力提倡探究学习，但是如何探究，至今教师们仍然在摸索。最近网络上流传有的小学让学生在国庆长假中用大数据研究苏轼的诗词。许多教师过去自己都没有搞过研究，现在要他们组织学生探究，确实有点勉为其难。我们希望学生的探究不要追求“高大上”的课题，能从身边常见的事实和过程着手，培养探究意识、习惯和发现问题的敏感性，并且在探究中逐步养成严谨、求实的学风。

“语言运用”主要包括三个方面：语文实务运用（通常称为“语文应用”）、审美运用和探究运用。不同的人语言文字运用的“基础设施”可能不一样，有的人在语文运用三个方面发展比较均衡，有的人偏重实务运用，有的人偏向审美，也有人强于探究。我们的语文课程为小学低年级、中年级、高年级、初中、高中学生设计几个层次的“共同基础”“平台”，按照这样的“平台”来规划教学，编写教材，设计评价系统。另外通过课文活动和选修课程促进学生有选择地发展，以此构成多样丰富的语文课程。

语文课程的设计和建设中，过去我们在学习、追赶其他国家课程设计思路方面做得比较多，这些学习对推进我国语文教育改革助益良多。可是我们对于本土语文教育实际状况的研究显得不够，尤其是实验研究。可能是因为教育方面的实验过程太长，目前的科研项目都要求一两年里就能见成果，各单位和个人都等待不了。中国的语文教育如果要有进一步的长足发展，一定离不开扎实的实验研究。

基于 PIRLS 和 PISA 比较视阈的阅读素养阐释及其教学实现[①]

李功连　张铭凯

PIRLS 是国际教育成就评估协会主办的针对 9 岁左右四年级学生阅读能力的跨国界、跨文化的全球性阅读能力测试。PISA 是经济合作与发展组织统筹的学生能力国际评估计划，对接近完成基础教育的 15 岁学生进行评估，测试其能否掌握参与社会所需要的知识与技能。这两大国际性测试同时聚焦阅读素养，通过比较研究，借鉴其有效经验，可以为构建符合汉语文特征的阅读素养体系创造条件。

一、PIRLS 和 PISA 阅读素养比较

（一）PIRLS 和 PISA 阅读素养

PIRLS 和 PISA 都在评估框架中对阅读素养概念进行了阐释。无论是横向还是纵向比较，都可以发现其内在旨趣的同中有异。PIRLS 测试迄今进行了四次，其概念阐释发生了两次变化，2018 年 PISA 测试第三次聚焦阅读素养，每次对阅读素养的阐释都有发展。表 1 概括了 PIRLS 和 PISA 概念变化的具体内容。

表 1　PIRLS 和 PISA 阅读素养概念比较

PIRLS	PISA
PIRLS（2001）：理解和运用社会需要的或个人认为有价值的书面语言的能力，年轻的阅读者能够从各种文本中建构意义，通过阅读来学习、参与阅读者群体并进行娱乐	PISA（2000）：为实现个人发展目标，增长知识、发挥潜能并参与社会活动，而理解、运用和反思书面文本的能力
PIRLS（2006）：理解和运用社会需要的或个人认为有价值的书面语言的能力，年轻的阅读者能够从各种文本中建构意义，通过阅读来学习、参与学校和日常生活中的阅读者群体并进行娱乐	PISA（2009）：为实现个人发展目标，增长知识、发挥潜能并参与社会活动，而理解、运用、反思和参与建构书面文本的能力

① 本文刊于《外国中小学教育》2018 年第 5 期。本文系国家社科基金教育学 2014 年度青年课题“阅读素养及其培养研究：基于 PIRLS 和 PISA 的比较和借鉴”（项目编号：CHA140177）的成果之一。

续上表

PIRLS	PISA
PIRLS（2016）：理解和运用社会需要的或者个人认为有价值的书面语言的能力，阅读者能够从多样化形式的文本中建构意义，通过阅读来学习、参与学校和日常生活中的阅读者群体并进行娱乐	PISA（2018）：为实现个人发展目标，增长知识、发挥潜能并参与社会活动，而理解、运用、评价、反思和参与建构文本的能力

从表1可以发现，PIRLS（2006）概念修正意味着家庭和社会阅读与学校具有同等重要的作用和价值，为构建“学校—家庭—社会”阅读共同体提出了理论依据和实践要求。为了评估的连续性，PIRLS（2016）删除了“年轻（young）”，突出了所有年龄阅读者的适应性和日益发达的技术世界中的多样化的文本形式，这种变革不仅迎合了时代发展的需要，更是促进人的全面发展教育根本要旨的具体体现。对阅读素养概念的修正可以有效提升年轻阅读者的阅读技能，使其成为熟练的阅读者。

PISA（2009）指出书面文本包括手写、印刷、电子媒体呈现的文字或附有文字说明的图片内容。同时还特别阐述了阅读参与度，包括阅读动机、态度和行为特征等。这一修正不仅迎合信息化社会的教育诉求，更体现了以学生为主体的教育理念，意味着PISA更注重学生在阅读过程中积极参与、学习投入、主动建构的体验学习模式。PISA（2018）明确了评价（evaluating）的阅读素养要素；删除了书面（written）的文本限定以拓宽文本外延。“评价”不仅评估相应阅读目标的完成度以促进阅读者在阅读活动中通过自主评价发现问题并调整阅读策略，而且还促使阅读者思考文本材料的准确性、作者观点的适切性及其与阅读目标的关联性。在互联网“读图”时代，电子文本的多样性、丰富性和复杂性决定了阅读者需要对文本的准确性和适切性做出判断和评价。

（二）PIRLS和PISA阅读素养比较

1．阅读素养的相同点

（1）阅读素养的能力本位观。

PIRLS和PISA都不约而同地将阅读素养界定为一种能力，体现了阅读素养的能力本位观。PIRLS强调理解和运用书面语言的能力，而PISA对阅读能力的认识不断深化，PISA（2000）强调理解、运用和反思能力，PISA（2009）又增加了参与建构的能力，而PISA（2018）又将评价能力作为测试内容。这与高考语文考试大纲“考核目标与要求”考查学生“识记、理解、分析综合、鉴赏评价、表达应用和探究六种能力”不谋而合。《语文课程标准》也要求“语文课程致力于培养学生的语言文字运用能力，……具有适应实际生活需要的识字写字能力、阅读能力、写作能力、口语交际能力”。阅读素养的能力本位观体现了阅读素养测试的根本指向，更是准确理解和定位阅读教学的前提和基础，阅读教学的根本任务就是培养学生高水平的阅读能力。

（2）阅读素养的发展本位观。

PIRLS 和 PISA 共同聚焦个人发展，立足发展本位，谋求学生的个性发展和自我完善。PISA 测试直接聚焦个人发展的目标指向以使学生适应未来社会生活的需要。马克思关于人的“全面发展”学说是教育的出发点和最终归宿。席勒指出：“教育的目的在于，培养我们感性力量和精神力量的整体达到尽可能和谐”的人，“通过更高的教养来恢复被教养破坏了的我们的自然（本性）的这种完整性”。全面发展的实质就是实现人的个体性和社会性的动态平衡，在保持个人性的基础上促进社会性的完善和发展。因此，PIRLS 将社会需要和个人价值置于同等重要的地位是阅读素养发展本位观的具体体现。个人发展的内核通过了解、掌握并遵守相应的社会规则以实现社会认同并满足个体在知识、能力、志趣、精神面貌等身心发展需要，随着个体认识能力、思考能力和判断能力的不断发展和完善，道德需要的日益强化和理性化逐步使个体从他律走向自律。

（3）阅读素养的多文本观。

PIRLS 测试文本主要有文学和信息两种类型，PIRLS（2016）又明确提出了“多样化形式的文本”的概念，拓展了测试文本材料的空间。PISA 测试文本由连续性文本、非连续性文本、混合文本和多重文本组成，连续性文本形式上的线性特征和内容上的意义连贯性决定文本主题的一致性。非连续性文本以统计图表、图画等形式呈现，直观、简明，信息量大，实用性强。学会从非连续文本中获取信息、提炼结论是现代公民应具有的阅读能力。连续性文本和非连续性文本组合构成多样化文本。PISA（2009）又提出了电子文本的测试内容以迎合信息化社会的发展需要。信息化社会是以信息价值的产生为中心，使社会和经济飞速发展。信息成为比物质或能源更为重要的资源，知识已成为生产力、竞争和经济成就的关键，价值增长更是通过知识实现。信息化社会的关注点不是过去和现在，而是将来。这与教育为将来培养人才的未来化功能不谋而合。PISA（2018）对多样化文本的关注迎合了知识爆炸时代的学习需要。多文本阅读需要阅读者运用浏览、快读等阅读方式快速提取信息，对文本形成整体性理解，有效训练多种阅读方式和多层次阅读，对提升学生阅读素养具有非常重要的价值和意义。

2. *阅读素养的差异性*

（1）聚焦反思和评价能力。

PIRLS 的能力指标主要是理解和运用，这和《语文课程标准》的能力指标一致。但 PISA 在此基础上增加了反思、评价能力的核心指标。反思是精神（思想）的自我活动和内省方式。反省是心灵以自身的活动作为对象，进行反观自照，是人离开感觉形成内部经验的心理活动。可以从两个方面理解反思的含义：反复地思考，从反面思考。黑格尔从前一范畴对反思进行界定，他明确指出：“后思亦即反思”，“只有在哲学的反思里，才将‘我’当作一个考察的对象”。这里的反思实指后思，即“事”后的反复思考，有时泛指对意识的形式、感觉、表象的内容加以反复思索。

建构主义认为，学习是学习者自主建构的过程，评价既是学习目标也是学习手段，学生既是评价对象也是评价主体。PISA 阅读素养测试不仅要提升阅读认知能力，更要培养具有积极的阅读态度，而这种目标需要学生通过经常性、多样化的阅读实践才能实现。PISA 阅读素养不仅要客观地再现作者直接表达的意思，同时还要对文本的内容和表达进行思考，并要运用所得的信息来解决问题，强调读者的自主评价。

（2）强化阅读参与度。

阅读参与效度体现在参与阅读的主动程度。PISA 和 PIRLS 通过调查问卷了解学生的阅读参与度，但 PISA 阅读素养概念就对阅读参与度进行了明确阐释。阅读参与度是学生对阅读的认可、投入程度以及实现自我价值的重要程度。阅读参与度包括阅读习惯、阅读兴趣和态度等，它是影响阅读表现水平的关键因素，本身也是重要的教育结果，它不仅影响学生的生活质量，还会影响其继续接受教育和把握就业机会的能力。阅读素养培养不仅在于知识和技能的提升，更意味着促进动机、态度和行为等与阅读成绩相关的关键因素的成熟和完善。从学生角度来说，阅读参与度有主动积极和被动消极之分，区别在于动机、态度和行为等因素投入程度的差异性，而动机、态度和行为动力机制差异直接并最终决定阅读素养培养的程度、效度和深度。PISA（2009）不仅把阅读参与度作为阅读素养的重要组成部分，而且从阅读动机特性和行为特征两个方面进行了详细阐述，将其分为个人和学校两个方面共八个指标，这为深入理解并有效运用阅读参与效度来促进阅读素养培养提供了指标参照体系。

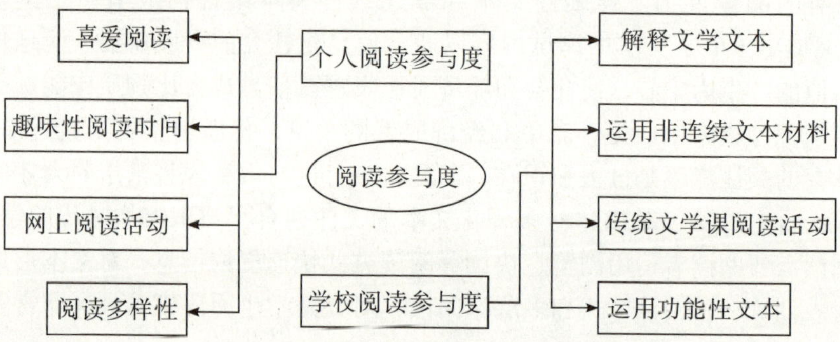

图1　PISA（2009）阅读参与效度界定指标体系

相较 PIRLS，PISA 在能力本位、发展本位和多文本上体现了阅读素养内涵的一致性，而在能力指标体系、阅读参与效度上揭示了阅读素养的发展性。

二、基于知识力为基础、学习力为核心的阅读素养模型

（一）阅读素养“冰山模型”

费希纳提出的“心理冰山说”经弗洛伊德等人发扬光大并不断扩展适用范围，在哲学、心理学、文学、管理学、教育学等领域产生了广泛而深远的影响。从冰山理论

的角度分析，教育的作用就是不断扩大冰山露出来的内容，通过增加冰山露出来的内容导致冰山下沉而增加冰山下面的内容以促进学生不断成熟和厚重。从教育角度来说，通过知识教学不断提高学生的知识水平以促进学习能力增长，并最终对学生的思想情感和行为习惯产生潜移默化的影响。

张楚廷《人力学引论》一书通过分析人力结构提出固性力和活性力概念，又将固性力分为硬固性力和软固性力。“人已有的知识量的大小是其固性力大小的表现之一”，“除了知识储蓄量是软固性力之外，还有一个人已达到的修养（主要指心理修养而不是理论修养之类）亦是（这是与活性力之中的心力相应的）”。通过比较 PIRLS 和 PISA 所界定的阅读素养，借鉴“力”的概念建构基于知识力为核心的阅读素养模型，可以为阅读素养培养提供参考和借鉴。

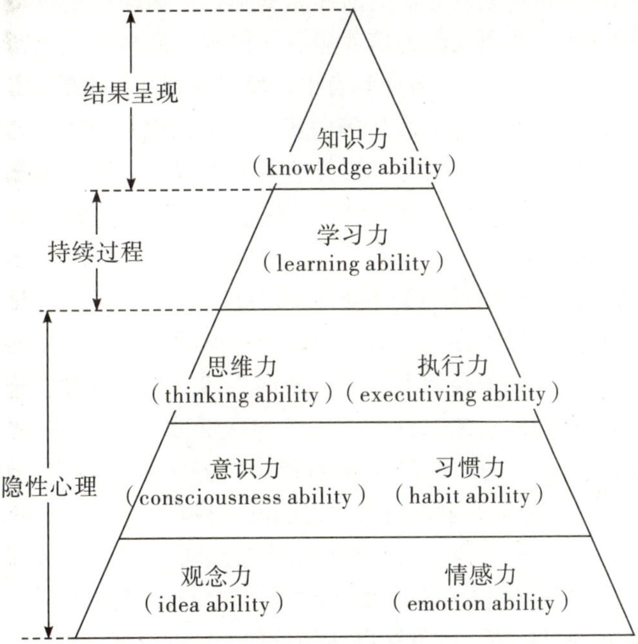

图 2　阅读素养冰山模型

PIRLS 和 PISA 就是检测以知识力为基础、学习力为核心的阅读素养冰山模型的能力综合体。PIRLS 试题阅读过程中建构文章意义的心智活动——关注并收集信息，直接推论，解释并整合观点和信息，判断和评价文本内容和形式四个方面的能力。学生在阅读时超越文本类型和阅读目的，参与到各种理解的过程及相应策略中建构文本意义。PISA 强调对文章全面理解，通过连续和非连续文本要求在收集信息、形成大概理解、发展解释、反思评价文本内容、反思评价文本形式等方面形成阅读能力。

（二）基于知识力的阅读素养阐释

1. 知识力：语文知识的运用能力

德国哲学家麦克斯·施蒂纳用“大脑中的轮子”的隐喻直指个人无力摆脱的思

想。作为“大脑中的轮子”而存在的思想占有了个人，控制个人意识并且利用个人，而不是被个人所利用。思想如此，知识亦然。为摆脱被控制的困境，他指出：个人的知识和信仰在任何时候都应当服务于个人的需要和欲望。施蒂纳的隐喻也存在于语文教育。“为知识而教知识”的知识目的论使语文知识教学陷入困境。将“双基教学”特别是基础知识教学当作根本而异变为知识“本位主义”。世纪之交的课程改革出现了为“纠偏”的知识“虚无主义”，《语文课程标准》中“不宜刻意追求语文知识的系统和完整”“语法、修辞知识不作为考试内容”等内容为语文教学弱化乃至否定知识埋下隐患，好在《语文课程标准（2011 年版）》进行了纠偏。

这两种异化的知识观忽略了知识教学的目的即培养学生的知识力。知识力是学生理解、把握和运用语文知识进行有效阅读的能力，是促进学生综合能力培养、文化习得、思想成熟、态度端正和素养养成的前提和基础。语文知识是以背景知识形式而存在的，只是教学的手段，为语文能力培养服务。按照李海林的观点，语文知识即“言语知识”，是关于言语主体、言语客体和言语环境及其相互关系的知识，主要包括言语内容、言语形式、言语理解、言语表达等内容。言语知识是关于语言运用的知识，其目的是对语言运用规则的说明。因此，培养学生的知识力，则要求在书面和电子文本中通过语文知识的教学训练学生主动理解、掌握、运用并创造知识的能力。

2. 学习力：元学习能力

联合国教科文组织《学会生存》指出：教育应该较少地致力于传递和储存知识，而应该更努力寻求获得知识的方法。而《教育——财富蕴藏其中》一书进一步提出教育的四大支柱：学会认知、学会做事、学会共同生活、学生生存。这四种学习将是每个人一生的知识支柱。因此，未来社会的每一个人必须具有终身学习的意识和能力，而培养知识力的最好途径就是提升元学习能力——培养学习力，让学生学会学习(learn to learn)。学习力是学习者对自身学习的反省或自我意识，包括对学习动机与行为、认知与情感、技能与意志等心理状态与结果的知晓。

元学习理论认为会学习的人应具备如下能力：激励自己勤奋学习；能够确立学习目标；善于选择能够达到目标的有效方法以达到预期的学习结果；善于检测达到目标的情况，并采取必要的补救措施；善于总结达到目标的经验和教训并及时调整学习方法。学习力强的人具有学习预见性，能预料事物发展进程及结果，既能事先制订学习计划，更能在计划执行过程中自我总结反馈并调整学习计划以获得最佳学习效果。人是积极主动的机体，能够反思过去、监视现在、计划未来，并有效控制学习过程。提升学生的学习力就是通过改善认识结构和非认知心理结构来改善学习本身，优化学习品质。

3. 隐性心理：理与情的融通

心理因素是事物变化发展的内因，具有决定性作用。阅读素养冰山模型的隐性心理包含理性和情感两个维度三个层面，二者共同决定了阅读素养的深度、广度、厚度和效度。

思维有两种基本类型：逻辑—分析思维和形象思维，分别与人的理智和情感相对应。人的成长就是思维能力不断完善和发展的过程。因此，培养思维力就要让学生能够系统全面地“想”到，“想”到以后还要能“做”到，最终实现情感维度的执行力。情感的执行力包括“做”的认识、意愿、能力以及“做”的程度。二者的相互协调促进共同促进个体的完善和发展。

思维力和执行力的完善和协调就形成了具有更大主动性、积极性和创造性的意识力和习惯力。意识是大脑一切活动及结果，是“个体对环境刺激及自身感受、记忆和思维的觉知以及对自身的行为和认知活动产生、维持和终止的监控。表现在能透过事物外部现象认识本质特性及其内部联系，能依据对事物本质和规律的认识指导个体行动”；而习惯是“个体在一定情境下自动化地执行或完成某些动作或某种固定活动模式的需要和倾向”。意识是人脑思维变化所产生的认识，这种认识所产生的意识力对客观世界具有有形无形的影响力，即意识是精神的范畴也具有意识力即精神力量的特性。习惯力是简单明了的下意识行为，面对生活机遇瞬间决策、执行的背后就是习惯力的作用，它源于个体的知识结构、性格要素、思维定式等。意识力和习惯力相互影响、相互促进，使个体在心理上形成主动积极的有意后动机、态度和行为特征。

观念是客观事物在人脑中的一种能动反映形式。马克思主义认为，为社会存在反映的社会意识，其中包括人们对社会各种现象的认识、看法而形成的观念以及系统化、理论化的观念形态。情感是个体在社会实践中获得的复杂体验，情感力是一种情感表现力。和智力相比，情感力受教育和环境的影响更大，而且对个人幸福感和社会性表现影响更大。从思维力到意识力再提升为观念力，使个体具有更强烈、更深刻的思想认识。从执行力到习惯力再演变为情感力，使个体具有更持久、更深沉、更理性的情感表现力。《语文课程标准》“三维目标”阐述的“情感态度价值观”即意在实现观念力和情感力的融通，实现人的全面发展。

4. 知识力增长：螺旋式演变

PIRLS 和 PISA 的能力结构，可以发现二者主要集中在信息搜集能力、推理解释能力和反思评价能力三个方面，形成螺旋式的知识力增长路径。

信息化社会提升个体的信息搜集能力既体现量的积累，更需要质的提升。量的积累意味着需要在足够的内容中学会搜集和提取信息。因此，多读书，读整本的书，读原著都是应有之义。质的提升意味着需要重视信息搜集的方法指导，通过有效的方法指导促进学生获得信息搜集能力的质变。

推理解释建立在有效的信息搜集基础之上。推理是形式逻辑的核心概念，指个体在头脑中通过命题之间的联结、转化而把某一事物情况从其存在条件中再现出来的过程。它体现人的思维活动及其过程，是积极、能动反映现实的过程。运用语言文字解释推理过程是阅读理解的基本要义。培养推理解释能力，必须通过阅读教学使学生具备多元思维能力，能准确运用理解归纳解释推理的方法。

反思和评价建立在全面有效的信息搜集和系统准确的推理解释基础之上。反思和评价是相辅相成的两个方面，评价是通过内在标准来审视现实，而反思则是通过外在标准来反观内心。反思是评价的前提和基础，评价是反思的外显和提升。只有个体反思能力获得了长足进展，从而使人的内在标准建构在系统全面的客观标准之上，个体的评价才具有客观性、公正性、系统性、科学性和有效性。《语文课程标准》特别重视语文课程的评价功能。教育界还提出了多元评价理论，强调评价主体多元化，内容多维化，方法多样化。实际上，多元评价必须建立在“多元反思”基础之上。没有“多元反思”为基础，多元评价只会沦为空谈。

反思是人的特性，只有人才具有反思的意识和能力。实际上，任何个体的成长都是基于经验的反思。从阅读素养培养角度来说，不仅需要对学生进行评价，更重要的是教师的自我反思，借助阅读素养的标准来反思自己的教学是否能为学生阅读素养培养奠定基础。依靠反思预先确定任务，思考完成任务的手段和途径，并计划自己的行为。教师必须反思自己通过回忆历史、批判现实和预测未来三个方面所获得的经验，使零散、杂乱的经验转化为系统性的理论体系，为学生阅读素养培养奠定坚实的教学基础。学习过程即学生自我反思的过程，通过符合外在客观标准的引导让学生认识到自己在情感观念上的误区、缺陷和不足，从而尝试自我建构知识并生成智慧。因此，从学生成长角度来说，阅读教学的根本任务就是培养学生的自我反思能力，通过有效反思来提升个体正确有效认识、理解和评价外界事物的能力，并进一步促进个体反思能力的发展和完善，建构知识力提升的螺旋式上升通道。

三、阅读素养培养：基于“冰山模型”的实践建构

（一）心理和行为：阅读素养培养的和谐共振

心理决定行为，行为是心理的体现。弗洛伊德指出人的心理包括意识和无意识现象，无意识现象可划分为前意识和潜意识，晚年经修正提出了自我、超我和本我的三部人格结构，分别按照现实原则、至善原则和快乐原则行动。与潜意识的本我相对应，弗洛伊德提出了“本能论”作为其人格理论的动力学基础。这与边沁的功利主义不谋而合。边沁从功利主义视角阐述人被“快乐和痛苦”所主宰，个体所行、所言、所思无不由其支配。显然，“快乐和痛苦”的最终主宰者无疑是情感。“义务教育”的“义务”具有“强制”含义，说明需要从心理上逐渐消除个体本能中潜意识的快乐原则而培养其现实原则，从潜意识逐渐过渡到意识，使个体从自然性向社会性过渡，从而实现心理和行为的和谐共振。

按照阅读素养的冰山模型，阅读教学只能在培养学生的知识力上发挥实际作用，而学习力培养以及隐性心理调整都只能由个体通过“反思”去完成，而兴趣则是反思的前提和基础。只能通过正确有效的教学内容和生动有趣的教学方法使学生感受、感悟到阅读的趣味和魅力，然后在电子和书面文本日积月累的阅读中不断提高阅读理解能力，感悟和理解阅读的作用和价值，生成“悲欢离合总是情”的阅读审美感，形成“三日不读书，面目可憎”的阅读使命感，从而感悟、理解并真正产生阅读兴趣，唯有这种内生的“兴趣”才能成为学生成长的永恒动力。从有“趣味”到有“实用价

值”再到培养阅读“审美品质”，兴趣贯穿在知识力获得、学习力提升和隐形心理完善全过程。

如上所述，知识力提升自然会增加裸露冰山的重量而使其下沉，导致学习力提升和隐性心理完善，促使个体从自然性向社会性过渡以实现个体全面发展。既然阅读教学的直接着力点在提高学生的知识力，那自然应从提升学生电子和书面文本的信息收集能力、推理解释能力和反思评价能力角度着力使个体阅读行为获得改善，从而完善学习力及隐性心理，最终实现个体理性和情感的和谐发展。只有使学生的信息搜集能力、推理解释能力和反思评价能力获得实实在在的提升，通过阅读教学培养学生阅读素养的理想才会实现。

（二）教学内容和教学方法：阅读教学的有效性

课程目标内容化，课程内容教材化，教材内容教学化，教学内容活动化应该是语文教学的实践演化路径。从教学内容角度来看，每一篇文章可以教学的东西很多，在有限时间内不可能面面俱教，哪些教哪些不教哪些重点教哪些简单教就成为语文教学面临的必然选择。

王荣生提出语文“好课”的最低标准是：①教师对自己的教学内容有意识，即知道自己想教什么、在教什么，并且知道自己为什么教这些内容；②一堂课的教学内容相对集中因而使学生学得相对透彻。按照这一标准，教学内容的选择应遵循如下视角：文本特征是前提、学生需要是根本、编者意图不能少、实际情况考虑到。抓住文本特征是教学内容选择的前提条件。不同文本具有不同特征，散文和小说不一样，小说和杂文不一样。哪怕同一种文本也会具有不同的文本特征。文本特征体现作者意图，而编者意图主要通过课后思考题体现出来。比如《一去二三里》的编者意图是识字。其教学内容若脱离识字写字教学就不恰当，但教学内容选择需要考虑实际情况，城市孩子普遍接受过学前教育，这些汉字可能早已学会，如果再教这些汉字显然不对。教学的根本原则是“教不懂”“教不会”，即让学生从“不懂”到“懂”，从“不会”到“会”，因此，学生需要才是教学的根本，抓住文本特征、体现编者意图，考虑实际情况的出发点和最终归宿都是指向满足学生发展的需要。

将教学内容进行有效组织就离不开选择有效的教学方法。教学方法为教学内容服务，教学内容是教学方法选择的前提和基础。教学方法既包括教师教的方法，也包括学生学的方法。对语文教师来说，教学方法的运用需要考虑两个方面：将教学内容进行有效组织的方法；学生有效学习方法指导的教学。

组织教学内容的方法有效性直接决定语文教学的成效。吕叔湘所言之“少慢差费”就与教学方法的失效休戚相关。将语文教学内容进行有效活动组织的过程即教学方法运用的过程。组织教学内容的方法所依据的原则就是有效组织教学活动，即可称之为“教学内容活动化”。对学生进行有效的学习方法指导是语文教学必须解决的难题。从教师角度而言，有效学习方法指导的教学又有两种不同方式：一种是直接告诉学生，比如告诉学生“碰到不会的生字词就查字典”；另一种是在活动中将方法贯穿进去，这种潜移默化的学习方法更值得推广和运用。

通过教学内容选择和教学方法运用的融会贯通以实现学生心理和行为的和谐共振，提高语文课堂教学的有效性。唯其如此，提升学生阅读素养才能真正落到实处。

参考文献：

[1] CAMPBELL J R, et al. Framework and specifications for PIRLS assessment 2001 [M]. Boston: International Study Center, Lynch School of Education, Boston College, 2001.

[2] MULLIS INA V S, et al. PIRLS 2006 assessment framework and specifications [M]. 2nd ed. Boston: International Study Center, Lynch School of Education, Boston College, 2006.

[3] MULLIS INA V S, et al. PIRLS 2016 assessment framework [M]. 2nd ed. Boston: International Study Center, Lynch School of Education, Boston College, 2015.

[4] OECD. Measuring student kowledge and skills: a new framework for assessment [M]. Paris: OECD Publishing, 1999.

[5] OECD. PISA 2009 assessment framework key competencies in reading, mathematics and science [M]. Paris: OECD Publishing, 2010.

[6] OECD. PISA 2018 draft analytical frameworks. May 2016. http://www.oecd.org/pisa/data/PISA-2018-draft-frameworks.PDF.

[7] 席勒. 美育书简 [M]. 徐恒醇，译. 北京：中国文联出版公司，1984.

[8] 金炳华等. 哲学大辞典 [M]. 修订本. 上海：上海辞书出版社，2001.

[9] KIRSCH I, et al. Reading for change: performance and engagement across OECD country [M]. OECD Publishing, 2002.

[10] 陆璟. PISA 测评的理论和实践 [M]. 上海：华东师范大学出版社，2013.

[11] 张楚廷. 人力学引论 [M]. 长沙：湖南出版社，1995.

[12] 斯普林格. 脑中之轮：教育哲学导论 [M]. 贾晨阳，译. 北京：北京大学出版社，2005.

[13] 李海林. 言语教学论 [M]. 2 版. 上海：上海教育出版社，2006.

[14] 联合国教科文组织. 学会生存：教育世界的今天和明天 [M]. 北京：教育科学出版社，1996.

[15] 联合国教科文组织. 教育：财富蕴藏其中 [M]. 北京：教育科学出版社，1996.

[16] 张庆林，等. 元学习能力及其培养 [J]. 中国教育学刊，1996 (3)：34-37.

[17] 苏霍姆林斯基. 给教师的建议 [M]. 杜殿坤，译. 北京：教育科学出版社，1984.

[18] 林崇德，等. 心理学大辞典 [M]. 上海：上海教育出版社，2004.

[19] 车文博. 西方心理学史 [M]. 杭州：浙江教育出版社，1998.

[20] 边沁. 道德与立法原理导论 [M]. 时殷弘，译. 北京：商务印书馆，2000.

[21] 王荣生. 合宜的教学内容是一堂好课的最低标准 [J]. 语文教学通讯（初中刊），2005 (1)：4-6.

核心素养校本表达探究①

韩维东

自20世纪80年代以来，一些国际组织和国家对核心素养（Key Competencies）进行了研究，并提出了不同的核心素养框架，旨在通过核心素养的实施以提升其公民素质，因为一国公民素质的高低从某种程度而言，不仅可反映其教育质量之状况，而且可决定其未来发展之潜力。在此国际背景下，为了整体推进学生素质的全面提高，我国也研制了《中国学生发展核心素养》（以下简称《核心素养》）。《核心素养》呈现的“三个方面、六大素养、十八个基本要点”，是对我国中小学生素质发展的总要求。作为面向全体中小学生，且指导学校教育工作的纲领性文件，《核心素养》难以顾及不同学校的特点与学生的差异。因此，中小学校在落实《核心素养》的过程中要因地制宜，诚如清华大学附属小学（以下简称“清华附小”）窦桂梅校长所言，落实核心素养，要有校本化的价值追求和表达。那么，何为核心素养校本表达？如何进行核心素养校本表达？笔者拟对核心素养校本表达的内涵、必要性与可行性，以及实践方略进行探究，以期有助于推进中小学校的核心素养校本表达与校本实施，有效提升学生的核心素养。

一、核心素养校本表达的内涵

目前，一些研究者结合学校实践，探索了核心素养校本表达，但对“核心素养校本表达”进行界定与解读的并不多见。有人认为，“将中国学生发展核心素养的统一要求，转化为学校教育教学过程中具象的内容，就是核心素养的校本表达”。如果认为核心素养校本表达是学校对《核心素养》进行再认识与再提炼的结果，这是无可非议的；但如果认为核心素养校本表达是学校将《核心素养》的统一要求转化为具体而形象的教育教学内容则是不妥的，因为核心素养校本表达只是学校设计的培养目标，学校只有以其指导课程资源开发与课程实施，才能把《核心素养》的统一要求转化为教育教学过程中具象的内容。笔者认为，所谓核心素养校本表达是指核心素养校本表达主体在调查研究的基础上，以《核心素养》为指导，综合考虑学生实况与学校文化传统等因素，对《核心素养》进行再认识与再提炼，最终形成重点突出、特色鲜明、通俗易懂、切实可行的学校层面的核心素养。我们可从以下方面对其内涵进行解读。

---

① 本文发表于《课程·教材·教法》2018年第10期。韩维东，1977年出生，河南项城人，山西师范大学教育科学学院讲师，教育学博士，硕士生导师，主要从事课程与教学论研究。

（一）核心素养校本表达是学校对《核心素养》进行再认识、再提炼的结果，其实质是学校对其培养目标的自我设计与理性定位

《核心素养》所提供的宏观的、富有中国特色的核心素养框架体系，是我国中小学校进行核心素养校本表达的重要依据，核心素养校本表达是中小学校基于《核心素养》再认识与再提炼的结果。因此，核心素养校本表达不是一种学术化表达，也不是一种口号式表达，它是学校结合实情，通过再认识凝练而成的一种易理解、易接受、易实施的实践表达，凸显了学校“培养什么人”的总要求。所以，核心素养校本表达的过程也是学校对“培养什么人”的总要求进行理性定位的过程，其实质是学校对其培养目标的自我设计。学校邀请教育行政部门有关人员以及高校有关专家参与核心素养校本表达，可使其培养目标更具合理性。

（二）核心素养校本表达是由与学生发展相关的表达主体共同关注和参与的，其目的是为了促进《核心素养》落地生根

核心素养校本表达清晰地表明了学校需提升学生的哪些素养，实际上描绘了学生的“毕业形象”。所以，核心素养校本表达的过程也是与学生发展相关的表达主体为学生“画像”的过程。为了保证学生“毕业形象”的客观、公正，“‘画像’的主体不能只是校长，应该有教师、学生和家长的共同参与”。所以，核心素养校本表达的主体是由校长、教师、学生和家长等共同组成的。由与学生发展相关的核心素养校本表达主体共同参与探讨而制定的学校核心素养应是形象的实践表达。譬如，杭州师范大学第一附属小学（以下简称“杭师附小”）提出的“正行”“好学”“乐玩”“善交”四大核心素养校本表达就形象易懂、切实可行。该校通过核心素养校本实施，有力地促进了《核心素养》的贯彻落实。

（三）核心素养校本表达具有个性化和校本化特征，其关键在于对《核心素养》进行创造性转化

由于中小学校的传统理念、价值取向与现实条件等各异，故中小学校在贯彻落实《核心素养》的过程中没有必要，也不大可能顾及其所有方面。所以，中小学校在进行核心素养校本表达时，应结合自身情况，“有选择性地重点打造核心素养的某些方面”，以彰显核心素养校本表达的个性化与校本化特征。这就要求核心素养表达主体对《核心素养》“进行校本化的理解、转化”，这一理解与转化的过程也是一种创造的过程。核心素养校本表达的关键在于核心素养校本表达主体对《核心素养》进行创造性转化，即“将国家制定的学生核心素养要求创造性地转化为学校自己的培养目标”。譬如，清华附小提出的“家国情怀”虽源于《核心素养》的“国家认同”基本要点，但该校对其进行了创造性转化，生成了独具特色的“五爱情怀”，即“拥有爱家人、爱家乡、爱集体、爱人民、爱祖国等思想感情”。

二、核心素养校本表达的必要性与可行性

（一）核心素养校本表达的必要性

核心素养校本表达是“核心素养体系落地实践的必由之路”，其必要性主要体现在以下方面。

其一，从宏观方面而言，核心素养校本表达有利于推动素质教育的落实。从素质教育被写进《中国教育改革和发展纲要》，到“跨世纪素质教育工程”的提出，以及“全面推进素质教育”的落实，我国“每一次教育改革都在探索怎么给孩子们最好的教育”，即探索我们需要提升孩子们的哪些核心素养，以及如何提升其核心素养，因为“素质教育本身就蕴含着培养学生核心素养的要求，这是实施素质教育的本义”。譬如，《国家中长期教育改革和发展规划纲要（2010—2020年）》指出，全面实施素质教育就要“着力提高学生服务国家服务人民的社会责任感、勇于探索的创新精神和善于解决问题的实践能力。”不难看出，素质教育的实施已经聚焦于提升学生的社会责任感、创新精神等核心素养。为了“全面深化课程改革落实立德树人根本任务”，教育部委托有关部门研制了《核心素养》，它是对素质教育内容的进一步深化与详细解读，所以，有效落实《核心素养》是新形势下全面实施素质教育的重要保障。在当前贯彻落实《核心素养》的过程中，学校基于《核心素养》，从自身的实际出发进行核心素养表达，既可彰显核心素养校本表达的特色，又可防止学校教育和学生发展的同质化现象。核心素养校本表达作为学校的培养目标，必将引导学校推行课程建设、教学改革和师资培养等一系列改革，从而切实促进学校教育改革的实施与素质教育的落实。

其二，就微观方面而论，核心素养校本表达可推动学校内涵式发展，切实提升学生的核心素养，以及促进教师专业发展。首先，核心素养校本表达促进学校关注焦点的转向，推动学校内涵式发展。核心素养校本表达是学校立德树人的根本准则，这必将推动学校的关注焦点“从教知识转向学生素养的培养，从片面追求分数和升学率转向学生的品格、能力培养”。为了适应这一转变，学校坚持以核心素养校本表达为导向，重塑校园文化、注重课程建设、实行科学管理、加强师资培养，最终走向教育质量与办学效益得以提升的内涵式发展道路。其次，核心素养校本表达是对《核心素养》的进一步聚焦，有利于促进学生的必备品格与关键能力得到提升。当下，对学校而言，深刻理解与落实《核心素养》包含的57个重点，无疑是一种巨大的挑战。但学校通过核心素养校本表达，进一步聚焦《核心素养》的内容，再通过核心素养校本表达的实施，可有效提升学生的核心素养，这是核心素养校本表达的核心旨归。最后，核心素养校本表达的实施对教师素质提出更高的要求，促使中小学教师不断成长。核心素养校本表达推动着学校的教学改革，要求中小学教师从教学内容的选择、教学模式的确立、教学评价的创新等方面进行探索与改进，为了在新形势下稳步提高教学质量，教师们努力调适自己，变压力为动力，抓住机遇，不断学习与提高，从而促进其专业发展。

（二）核心素养校本表达的可行性

核心素养校本表达的可行性表现在以下两个方面。

其一，中小学校对核心素养校本表达的价值认可与探索可以为核心素养校本表达提供现实依据。一方面，一些学校高度认可核心素养校本表达的价值。譬如，清华附小校长窦桂梅认为，“一所学校，不管是中学还是小学，都必须建立一个核心素养落地的框架”。江苏省泰州市大浦中心小学校长郑晓彤认为，学校应努力做好“核心素养”的校本化理解、转化和表达。诸如此类的价值认可表明：在贯彻落实《核心素养》的过程中，中小学校迫切需要对核心素养进行校本表达。另一方面，一些学校探索了核心素养校本表达。据笔者所知，清华附小、江苏省常州市武进区湖塘桥实验小学（以下简称“湖塘实小”）、杭师附小、南京市琅琊路小学、黑龙江省哈尔滨市实验学校、重庆市大渡口区实验小学等学校探索了核心素养校本表达，并取得了一定的成效。《中国教育报》对一些学校的探索进行了报道。

其二，核心素养校本表达的官方倡导，使其可能得到政策方面的支持。2017 年 5 月 5 日，由教育部学校规划建设发展中心主办的全国名校长“核心素养的校本化表达”专题研讨会在西安曲江南湖小学举行。来自全国各地的百余名校长参加了研讨会。清华附中校长王殿军在报告中指出，落实核心素养目标比提出核心素养目标要难得多；中国教育科学研究院基础教育研究所陈如平所长认为，核心素养的落地应从学校办学理念、育人目标、课程体系的顶层设计进行确立和再审视。这就需要对核心素养进行校本化表达。与会专家学者与校长们高度认同核心素养校本表达的价值，深入交流了核心素养校本表达的有关问题。教育部有关部门组织召开这次研讨会，意味着其对核心素养校本表达的认可与支持，使核心素养校本表达得以进一步推广，并有可能在未来得到政策方面的支持。

三、核心素养校本表达的实践方略

在基于核心素养实施的课改背景下，中小学校可从奠定基础、明确方向、突出重点、彰显特色四个方面入手，进行核心素养校本表达。

（一）精心准备与开展调查研究，奠定核心素养校本表达的基础

《核心素养》课题组在撰写《核心素养》文本之前开展了诸如传统文化研究、课程标准研究等一系列相关研究；同时也访谈了 12 个界别的 608 名代表人物，问卷调查了 566 名专家学者、校长和企业家等，汇总形成约 351 万字的访谈记录和大量调查数据。这些工作为《核心素养》的校本表达奠定了坚实的基础。因为核心素养校本表达是学校教育教学工作的重要依据，所以，学校在进行核心素养校本表达前同样需要精心准备与开展调查研究。譬如，清华附小核心素养校本表达历经两年研究过程，“通过问卷调查、采访与座谈等方式，从家长、教师、儿童、专家等多方视角”获取了大量实证依据，最终为其成志教育“聪慧与高尚”的核心素养校本表达奠定了基础。再譬如，浙江大学附属中学在表达其核心素养前做了大量的准备工作，并在“征求学生、

家长、教师、社区以及教育行政部门等各方意见的基础上”，最终确定了健康力、人格力等五大核心素养。总之，只有通过调查，学校才能深刻了解并准确把握社会各界对核心素养校本表达的期待，为学校建构符合其特点和现实需要的核心素养校本表达提供实证依据。

（二）以核心价值观为引领，明确核心素养校本表达的方向

党的十八大报告明确提出“三个倡导”的社会主义核心价值观。当下，社会主义核心价值观业已成为我国各领域必须践行的基本价值准则。毋庸置疑，学校核心素养校本表达也要以其为引领，以保证立德树人的正确方向。需要说明的是，社会主义核心价值观分为三个层次：富强、民主、文明、和谐是国家层面的价值目标；自由、平等、公正、法治是社会层面的价值取向；爱国、敬业、诚信、友善是个人层面的价值准则，是公民基本道德规范。由于立德树人的“德”主要指向个人价值准则，是针对公民基本道德规范而言的。基于此，在核心素养校本表达过程中，坚持以社会主义核心价值观为引领主要指坚持以个人层面的价值准则为引领，这主要表现在两个方面。

其一，以“爱国”价值观为引领，培育学生爱国爱家的伟大情怀。就公民的基本道德规范而言，“爱国”是公民道德规范之核心，“是人类文明社会不变的价值理念”。爱国主义是我国各民族的精神支柱。所以，学校核心素养校本表达就要以“爱国”价值观为引领，注重培育学生爱国爱家的伟大情怀。譬如，通过清华附小对核心素养校本表达的“家国情怀”的内容解读可知，该校通过“扎中华根、铸民族魂”的表述意在告诫学生：无论何时何地都不要忘记自己是中华民族的一员。更为重要的是，该校提出了逐层递进、博大精深的“五爱情怀”。再如，湖塘实小的核心素养校本表达中有“中国心”素养，在该素养的解读中也有“爱国爱家”等内容。清华附小与湖塘实小在表达核心素养时以“爱国”价值观为引领，明确了立德树人的方向，为培育学生的爱国情怀奠定了基础。

其二，以“诚信”“友善”等价值观为引领，奠定学生立身立业之本。“诚信”与“友善”是公民的基本道德规范，也是学生的必备品质。换言之，诚信是每一个公民不可或缺的基本道德品质，友善“是每一个公民都应具备的优秀个人品质”。诸如此类的品质是学生立身立业之根本。所以，学校必须通过核心素养校本表达与校本实施把这些外在的价值观内化为学生的个人素质。在进行核心素养校本表达时，学校要把“诚信”“友善”等社会主义核心价值观融入其中。譬如，在杭师附小提出的“正行”“好学”“乐玩”“善交”四大核心素养校本表达中，“正行”“意指自尊自律，诚实守信；文明礼貌，宽和待人；孝亲敬长，有感恩之心，指向的是道德层面”。从该校对“正行”的解读可知，社会主义核心价值观在此渗透明显，如社会主义核心价值观中的“诚信”对应的是此解读中的“诚实守信”，“友善”对应的是“宽和待人”。该校把“正行”放在第一位，意在强化公民基本道德规范，以端正人的品行。

（三）基于《核心素养》再提炼，突出核心素养校本表达的重点

《核心素养》是新时期我国对未来学生“能够适应终身发展和社会发展需要的必

备品格和关键能力”的顶层设计与总体规划。需要说明的是，《核心素养》强调的重点多达57个，如此多的重点会使学校在落实《核心素养》的过程中迷茫而不知所措。为了促进《核心素养》的落实，学校有必要综合考虑各种因素，对《核心素养》进行再聚焦、再提炼，突出核心素养校本表达的重点。譬如，杭师附小提出的“正行”“好学”“乐玩”“善交”四大核心素养，就是该校结合各阶段、各年级学生的特点，综合考虑学校文化等因素，进行再提炼的结果。从宏观方面而言，该校的核心素养校本表达仅与《核心素养》的“科学精神”“学会学习”“健康生活”和“责任担当”素养有关，只涉及社会责任、乐学善学、理性思维、勇于探索等七个基本要点（《核心素养》共18个基本要点）。但由此不难看出，该校在进行核心素养校本表达时，精心选择与提炼有关内容，突出了重点。就微观方面而论，可结合“正行”“乐玩”的内涵表述进行分析。“正行”指向学生的必备品格，具体包括学会自律、坚守诚信、遵礼仪之道、存感恩之心等内容。这些内容仅与《核心素养》的社会责任方面的两个重点有契合（社会责任方面共有七个重点），可见，该校表述“正行”素养时删除了《核心素养》中“社会责任”的大部分内容，仅对部分符合小学生身心发展特点，且对其成长极为重要的有关内容进行了再加工、再提炼，作为“正行”素养的内涵，突出了核心素养校本表达的重点。虽然团队意识、法制意识、公平正义等诸多有关内容也很重要，但对小学生而言，这些内容与前述内容相比，其重要性已有所降低。“乐玩”意指乐观健康、注重好的生活方式和行为习惯的养成，这些内容只是《核心素养》的“珍爱生命”与“健全人格”要点的部分内容，但由于小学时期是好的生活方式与行为习惯养成的关键时期，抓住关键时期培养学生的这些素养对其成长是至关重要的，所以，该校对“乐玩”素养的内容表述亦重点突出。至于“理解生命的意义和人生的价值”“能调节和管理自己的情绪”等内容对于小学生而言，恐为过高要求，故在进行核心素养校本表达时，杭师附小已把诸如此类内容排除在外。

（四）结合学校实情进行表述，彰显核心素养校本表达的特色

核心素养校本表达的特色是指学校表述的核心素养体现出与众不同的风格。一般而言，中小学校结合其传统与现实等情况，可从表达内容、表达方式，以及内涵解读等维度彰显其核心素养校本表达的特色。

首先，核心素养校本表达内容有特色，即学校表达的核心素养具有与众不同的闪光点，体现出独特风格。譬如，源于清华大学“中西合璧”，办世界一流大学的办学思想，清华附小提出了“天下情怀”素养。天下情怀意味着胸怀祖国、放眼世界的博大情怀，与义不容辞的责任担当。该校通过“天下情怀”这一核心素养校本实施，旨在培养具有大情怀、大视野、大担当的“大写之人”。由此不难看出，该校提出的“天下情怀”素养颇具特色。其次，核心素养校本表达方式有特色，即学校表达核心素养时注重表达的逻辑结构，以及用词形象生动、简洁明了、易于理解等。譬如，在湖塘实小看来，视力、体魄以及心理等方面的健康是学生未来发展之根本；对于一个学生而言，立志、好学、创新是其未来立业之根本，唯有如此，学生才能更好地爱国爱家爱世界。这种考量充分体现了“以生为本，育人为先”的教育理念。湖塘实小以这种理念为指导确立了表达逻辑，提出了“健康身”“智慧脑”“中国心”“世界眼”四大核心素养校本表达。再如，杭师附小结合学生的年段特点，综合考虑学校文化等因素，用“正”“好”“乐”“善”四个字作定语分别修饰“行”“学”“玩”“交”，从而构成了简洁形象，而又彰显杭师附小学子理想形象的四大素养：正行、好学、乐玩、善交。最后，核心素养校本表达内涵解读有特色，即学校对核心素养校本表达的解读体现出不同的广度与深度等。譬如，从湖塘实小对“健康身”素养的解读中可知，“体魄强健”是“健康身”素养的内涵之一；“视力达标”被该校纳入“健康身”的内涵之中；心理健康比身体健康更重要，所以，该校也视“悦纳自己”“友善乐群”为“健康身”素养的重要内涵，因为学生只有认同自己、接纳自己、团结协作，才能坚定信念，不断走向成功。由“健康身”素养的内涵可知，该校秉持身心和谐发展的理念，注重从内涵的深度进行解读，具有特色。

2017 年秋季全国所有公立中小学初始年级的“语文”“历史”“道德与法治”三个科目已启用教育部统编教材，基于学生核心素养提升的课程与教学改革正在稳步推进，当前亟须探索核心素养落地生根的有效路径，而核心素养校本表达与校本实施不失为落实核心素养的重要抓手，在贯彻落实《核心素养》的过程中，中小学校可遵循核心素养校本表达的实践方略，结合学校实际情况，勇于探索核心素养校本表达内容，敢于创新课程体系建设，不断推进课堂教学改革，以推动核心素养落到实处，促进学生的全面发展。

参考文献：

[1] 核心素养研究课题组．中国学生发展核心素养［J］．中国教育学刊，2016（10）：1－3.

[2] 窦桂梅．成志教育视野下的学生核心素养校本表达［J］．人民教育，2017（3）：96－101.

[3] 汪瑞林，蒋亦丰．寻找核心素养落地的力量：杭师附小基于核心素养的课程及教学改革［N］．中国教育报，2016－09－28（10）.

[4] 冯毅．核心素养的校本表达［J］．江苏教育，2017（6）：19－21.

[5] 钟慧笑．核心素养培养如何校本化［J］．中国民族教育，2017（1）：53－56.

[6] 窦桂梅．核心素养指引学校改革方向［N］．中国教育报，2016－09－28（9）.

[7] 易国栋．探索核心素养落地的校本之路［J］．中国德育，2017（4）：49－53.

[8] 黄浩．校本化正成为核心素养落地的主旋律［N］．中国教师报，2017－06－28（2）.

[9] 张绪培．核心素养如何转化为学生的素质［J］．小学教学，2016（4）：44.

[10] 成尚荣．核心素养：开启素质教育新阶段［N］．中国教育报，2016－05－18（9）.

[11] 国家中长期教育改革和发展规划纲要（2010—2020年）[EB/OL].（2010-07-29）[2020-05-29]. http://www.gov.cn/jrzg/2010-07/29/content_1667143.htm.

[12] 郑晓彤. 核心素养视域下学校文化传承与发展的“校本表达”：以江苏省泰州市大浦中心小学实践行动为例 [J]. 阅读（教学研究版），2017（7）：80-82.

[13] 张英，唐李佩. 全国名校长“核心素养的校本化表达”专题研讨会在曲江南湖小学举行 [J]. 陕西教育（综合版），2017（6）：42.

[14] 汪瑞林，杜悦. 凝练学生发展核心素养　培养全面发展的人：中国学生发展核心素养研究课题组负责人答记者问 [N]. 中国教育报，2016-09-14（9）.

[15] 申屠永庆，缪仁票. “五力”相成　评育结合：高中生核心素养培育的校本探索 [J]. 中小学管理，2015（9）：15-18.

[16] 中共中央办公厅印发《关于培育和践行社会主义核心价值观的意见》[EB/OL].（2019-10-23）[2020-05-29]. http://dangjian.gmw.cn/2019-10/23/content_33257149.htm.

[17] 何锡蓉. 当代中国的精神旗帜：社会主义核心价值观研究 [M]. 上海：上海人民出版社，2014.

[18] 杨丽. 用“洪荒之力”推动核心素养落地：记常州湖塘实小“101学生素养发展工程”[N]. 中国教育报，2017-01-11（10）.

[19] 刘首华. 社会主义核心价值观 [M]. 长春：吉林出版集团有限责任公司，2013.

后　记

2019年初，韩山师范学院为了落实广东省教育厅“新师范”建设精神，同时也为了申请学术型和专业型硕士点需要，学校召开教学工作会议，要求二级学院各个学科编写自己的核心素养提升读本。那么，到底什么是语文学科的核心素养呢？《普通高中语文课程标准（2017年版）》“核心素养”定义为“语言建构与运用”“思维发展与提升”“审美鉴赏与创造”“文化传承与理解”四个方面，但只是明确了语文学科核心素养的内涵和范围，至于如何开展与实施，没有现成的答案。那么，师范院校如何培养未来教师的核心素养，未来教师核心素养的培养如何与现在的中小学教育教学对接，这只能由各高等师范院校自己去探索与实践了。而我校2011年申报的广东省教育综合改革项目“构建‘高校—地方政府—中小学’三位一体的教师教育新机制”，就率先在全省探索与实践了大学与中小学合作的新机制，先后与潮州、汕头、揭阳等市教育部门合作，共签约建设了70多所教师专业发展学校，既为师范生贯穿大学四年的实践教学提供良好的平台，也让师范生培养中的“语言建构与运用”等核心素养真正落到实处。

为了进一步加强师范生语文学科核心素养的提升，我们特制定《语文学科核心素养提升读本》编写方案，成立了由文学院院长赵松元教授担任主任，张福清、苑青松教授担任副主任的编委会，3月就开始动员布置相关工作，主编苑青松教授拟订整书的编写大纲及体例，经几个轮回的讨论，编委会一致同意按“感受自然”“沐浴亲情”“心灵圣地”“榜样力量”“奇思妙想”五个主题开展编写工作，每个主题又按“主题说明”、“经典选文”（每篇选文有导读、作品和赏析）、“推荐书目”（推荐书名、推荐理由）、“拓展链接”（若干文本题目）的体例编写。经编委会成员自行报名的形式确定每个主题的编写负责人，由苑青松、肖玉华、黄炎真、李卓彬、林诗铨分别牵头分工开始撰写，经过大半年的辛苦努力，在暑期期间基本完成五个主题所有文章导读、解读、拓展链接、整书推荐等主要框架内容。

此书作为集体合作完成的成果，有如下几个特点：一是编纂体例之新。打破以往以文体为单位的体例，以“感受自然”“沐浴亲情”“心灵圣地”“榜样力量”“奇思妙想”五个主题为单元，所选篇目也打破诗词文赋小说等文体限制，古今中外，概莫能外，只要是名篇，有利于培养学生核心素养的，都作为备选篇目，让各个主题参编人员选择。二是编写队伍实力强大，是高校教师与中学高级教师之间的一次深度合作。参与编写工作的肖玉华、杨庙平、曹亚明、吴亚南、许娇娜等本校教师，都是年富力强，教学科研并举的博士、副教授。同时，我们尽可能地吸收中学语文教学名师参与编写工作，如“沐浴亲情”主题的负责人正高级语文教师黄炎真，是揭东第一中学省级名师工作室主持人；“奇思妙想”主题的负责人高级教师林诗铨，亦是汕头市澄海中学省级名师工作室主持人；“感受自然”主题的负责人语文特级教师李卓彬，是归湖怀慈中学的市级名师工作室主持人；参与编写的其他教师中如蔡尉洁、林旭、郭玮玲、李丹妮等老师，他们或是潮州、汕头、揭阳三市省级名师工作室主持人或教学名师。因为这些教师的参与，从而保证了读本的质量。三是选文解读较为深刻。教师们在编写过程中融会了自己多年的教学与科研的经验、体会，尽可能地发挥自己所长，对文章的解读做到有的放矢，不是纯粹而空洞的说教。每一主题的编写都紧扣“核心素养”展开，既体现了编写者的睿智和才华，也反映了未来教师学习拓展的需要。四是理论与实践的高度融合。苑青松教授收集了三四篇有关探讨语文学科“核心素养”的论文附录于后，让读者更清晰明了什么是“核心素养”，同时，也丰富和充实本书的内容。

本书得以顺利出版，要感谢韩山师范学院副校长黄景忠教授，黄校长在通读书稿的基础上，提出了许多宝贵的意见，并在百忙中抽出时间为本书撰写序言。要感谢韩山师范学院文学与新闻传播学院院长赵松元教授对本书的编写全程予以指导，并对初稿提出了针对性的修改意见。感谢巢宗祺（华东师范大学文学院）、李功连（洛阳师范学院文学院）、韩维东（山西师范大学教育科学学院）三位教师的精彩文章，让小书增添了不少亮色。感谢所有参与编写的校内外教师们，是您的辛勤耕耘，才让本书有了圆满的结果！全书最终统稿及编目工作由主编完成，由于学识浅陋，虽经过不断修改，但难免还存有疏漏和不妥之处，敬请各位专家和读者批评指正。

张福清

2019 年 12 月 30 日